PSICO METRIA

P974 Psicometria / Organizadores, Claudio Simon Hutz, Denise Ruschel Bandeira, Clarissa Marceli Trentini. – Porto Alegre : Artmed, 2015.
192 p. il. ; 23 cm.

ISBN 978-85-8271-235-1

1. Psicologia - Psicometria. I. Hutz, Claudio Simon. II. Bandeira, Denise Ruschel. III. Trentini, Clarissa Marceli.

CDU 159.938

Catalogação na publicação: Poliana Sanchez de Araujo – CRB 10/2094

PSICO METRIA

Claudio Simon HUTZ
Denise Ruschel BANDEIRA
Clarissa Marceli TRENTINI
ORGANIZADORES

Reimpressão 2019

artmed

2015

Gerente editorial
Letícia Bispo de Lima

Colaboraram nesta edição

Coordenadora editorial
Cláudia Bittencourt

Capa
Paola Manica

Preparação de originais
Camila Wisnieski Heck

Leitura final
Paola Araújo de Oliveira

Projeto gráfico e editoração
Bookabout - Roberto Carlos Moreira Vieira

Reservados todos os direitos de publicação à
ARTMED EDITORA LTDA., uma empresa do GRUPO A EDUCAÇÃO S.A.
Av. Jerônimo de Ornelas, 670 - Santana
90040-340 Porto Alegre RS
Fone: (51) 3027-7000 Fax: (51) 3027-7070

SÃO PAULO
Av. Embaixador Macedo Soares, 10.735 - Pavilhão 5
Cond. Espace Center - Vila Anastácio
05095-035 São Paulo SP
Fone: (11) 3665-1100 Fax: (11) 3667-1333

SAC 0800 703-3444 - www.grupoa.com.br

IMPRESSO NO BRASIL
PRINTED IN BRAZIL

AUTORES

Claudio Simon Hutz (Org.). Psicólogo. Mestre e Ph.D. pela University of Iowa, Estados Unidos. Professor titular da Universidade Federal do Rio Grande do Sul (UFRGS). Ex-presidente da Associação Nacional de Pesquisa e Pós-graduação em Psicologia (ANPEPP) e do Instituto Brasileiro de Avaliação Psicológica (IBAP). Ex-diretor do Instituto de Psicologia e coordenador do Programa de Pós-graduação em Psicologia da UFRGS. Coordenador do Laboratório de Mensuração e do Núcleo de Psicologia Positiva da UFRGS. Presidente da Associação Brasileira de Psicologia Positiva (ABP+). Pesquisador IA do CNPQ.

Denise Ruschel Bandeira (Org.). Psicóloga. Especialista em Diagnóstico Psicológico pela Pontifícia Universidade Católica do Rio Grande do Sul (PUCRS). Mestre e Doutora em Psicologia pela Universidade Federal do Rio Grande do Sul (UFRGS). Professora associada de Psicologia na UFRGS. Pesquisadora 1C do CNPq.

Clarissa Marceli Trentini (Org.). Psicóloga. Especialista em Psicologia Clínica –Avaliação Psicológica – pela Universidade Federal do Rio Grande do Sul (UFRGS). Mestre em Psicologia Clínica pela Pontifícia Universidade Católica do Rio Grande do Sul (PUCRS). Doutora em Ciências Médicas – Psiquiatria – pela UFRGS. Professora associada nos cursos de Graduação e Pós-graduação em Psicologia da UFRGS. Pesquisador 1D do CNPQ.

Andréia M. de A. Schneider. Psicóloga. Mestre em Psicologia pela PUCRS. Doutoranda em Psicologia na UFRGS. Professora do curso de Psicologia da PUCRS.

Carlos Henrique Sancineto da Silva Nunes. Psicólogo. Mestre e Doutor em Psicologia pela UFRGS. Professor dos cursos de Graduação e Pós-graduação em Psicologia da Universidade Federal de Santa Catarina (UFSC).

Caroline Tozzi Reppold. Psicóloga. Mestre, Doutora e Pós-doutora em Psicologia pela UFRGS. Pós-doutora em Avaliação Psicológica pela Universidade São Francisco (USF). Professora associada da Universidade Federal de Ciências da Saúde de Porto Alegre (UFCSPA). Coordenadora do Laboratório de Pesquisa em Avaliação Psicológica da UFCSPA. Membro da diretoria do IBAP. Líder do grupo de pesquisa Psicologia e Processos de Saúde (UFCSPA). Bolsista produtividade do CNPq.

Cristian Zanon. Psicólogo. Mestre e Doutor em Psicologia pela UFRGS. Professor no Programa de Pós-graduação *stricto sensu* em Psicologia da USF.

João Vissoci. Psicólogo. Especialista em Gestão Contemporânea de Recursos Humanos pela Universidade Estadual de Londrina (UEL). Mestre em Educação Física pela Universidade Estadual de Maringá (UEM). Doutor em Psicologia Social pela Pontifícia Universidade Católica de São Paulo (PUC-SP). Professor adjunto da Faculdade Ingá. Pesquisador associado da DGNN da Duke University e do Pró-esporte da UEM.

Juliana Cerentini Pacico. Psicóloga. Especialista em Psicologia Organizacional. Mestre e Doutora em Psicologia pela UFRGS. Pós-doutoranda na UFRGS. Membro do grupo de trabalho Psicologia Positiva e Criatividade da ANPEPP. Membro da diretoria da ABP+. Professora em cursos de Especialização da UFRGS.

Léia Gonçalves Gurgel. Fonoaudióloga. Mestre e doutoranda em Ciências da Saúde pela UFCSPA. Pesquisadora do Laboratório de Avaliação Psicológica da UFCSPA. Bolsista de doutorado da Capes.

Nelson Hauck Filho. Psicólogo. Mestre e Doutor em Psicologia pela UFRGS. Professor no Programa de Pós-graduação *stricto sensu* em Psicologia da USF.

Ricardo Primi. Psicólogo. Doutor em Psicologia Escolar e do Desenvolvimento Humano pela Universidade de São Paulo (USP). Professor associado do Programa de Pós-graduação – mestrado e doutorado em Avaliação Psicológica – em Psicologia da USF.

Sacha Epskamp. Psicólogo. Mestre em Métodos Psicológicos pela Universidade de Amsterdam, Holanda. Doutorando e pesquisador na Universidade de Amsterdam. Psicometrista e analista de dados na Oefenweb.nl.

Tatiana de Cassia Nakano. Psicóloga. Doutora em Psicologia pela Pontifícia Universidade Católica de Campinas (PUC-Campinas). Docente do curso de Pós-graduação *stricto sensu* em Psicologia da PUC-Campinas.

Wagner de Lara Machado. Psicólogo. Mestre e Doutor em Psicologia pela UFRGS. Professor permanente no Programa de Pós-graduação em Psicologia da PUC-Campinas.

SOBRE A COLEÇÃO AVALIAÇÃO PSICOLÓGICA

O livro que o leitor tem em mãos é o primeiro de uma coleção sobre avaliação psicológica que tem por objetivo apoiar a formação de psicólogos e instrumentalizar os profissionais em seus procedimentos de avaliação nas mais diversas áreas da psicologia. Como enfatizamos no primeiro capítulo, a avaliação psicológica tem interfaces e aplicações em todas as áreas da psicologia e não se deve iniciar um procedimento, com pessoas ou com grupos, em nenhuma área da psicologia, sem um diagnóstico ou uma avaliação inicial. Ou seja, um conhecimento básico de avaliação psicológica é fundamental.

Assim, *Psicometria*, primeiro título da Coleção, procura explicar o que são testes psicológicos e apresenta brevemente outras técnicas usadas na avaliação psicológica, como entrevistas e observação. Sua principal ênfase, porém, está nos processos de construção e adaptação dos testes. A questão da validade e fidedignidade dos testes é discutida em profundidade. Acreditamos que esse conhecimento é essencial para psicólogos em geral, não apenas para quem pretende trabalhar diretamente com a psicometria. No Brasil, muitos instrumentos para avaliação estão disponíveis, e o número cresce anualmente em função de instrumentos tanto adaptados de outras culturas como construídos por pesquisadores brasileiros. Conhecer esses conteúdos auxiliará o psicólogo a entender como tais instrumentos foram produzidos e avaliar se são válidos e fidedignos (confiáveis) para uso com os grupos ou com as pessoas que testará.

O teste é um elemento-chave na avaliação psicológica, mas não se deve confundir testagem psicológica com avaliação psicológica. Dedicamos, portanto, um capítulo para apresentar o papel do teste no processo da avaliação psicológica. Outro capítulo cobre um ponto fundamental: a ética na avaliação psicológica e no uso de testes. Ocasionalmente vemos críticas ao uso de testes e da própria avaliação psicológica, com alegações de que pode haver rotulações indevidas, discriminação, etc. Porém, isso só ocorre quando o processo de avaliação ou o uso do teste não é apropriado. Profissionais qualificados e éticos usam testes e processos de avaliação psicológica para beneficiar pessoas e grupos.

Os testes psicológicos são, desde 2003, avaliados pelo Satepsi, sistema criado pelo Conselho Federal de Psicologia e abordado neste livro. É importante que estudantes e psicólogos estejam familiarizados com ele a fim de escolher com mais segurança os instrumentos que utilizarão em suas avaliações.

A Coleção Avaliação Psicológica inicia com três títulos. O primeiro é este: *Psicometria*. A seguir, será publicado o livro *Psicodiagnóstico*, que explicará e discutirá os processos de diagnóstico psicológico. Serão mais de 30 capítulos, produzidos por alguns dos principais especialistas brasileiros na área. Os capítulos iniciais apresentarão e discutirão o processo diagnóstico, a escolha de instrumentos, as entrevistas, bem como a devolução das informações colhidas e a produção de laudos. Haverá capítulos voltados para a discussão de especificidades do psicodiagnóstico com crianças e idosos e outros que examinarão as alterações psicológicas mais frequentes (autismo, déficit de atenção, alterações do humor, quadros psicóticos, entre outros). Serão incluídos, também, exemplos de processos psicodiagnósticos de avaliação. Esse segundo livro será útil não apenas para a formação de psicólogos, mas também para os psicólogos clínicos e os psicoterapeutas, que encontrarão grande quantidade de informações atualizadas que auxiliarão em sua prática. Será um livro fundamental e de referência na área da avaliação psicológica.

Avaliação da inteligência e da personalidade, por sua vez, descreverá os principais testes disponíveis no país para a avaliação em todas as faixas etárias. Trará informações sobre os possíveis usos desses instrumentos e suas limitações. Há um número considerável de testes nessa área, cada um com características e aplicações específicas, sendo, muitas vezes, difícil decidir qual teste usar. Esse livro trará informações que permitirão conhecer bem os principais testes disponíveis, mas não será apenas um manual de testes. Questões teóricas e históricas envolvendo os diversos instrumentos disponíveis serão tratadas e discutidas. O livro incluirá, ainda, uma seção sobre testes projetivos para a avaliação da personalidade. Os principais testes projetivos serão apresentados e discutidos por especialistas na área.

A Coleção seguirá, futuramente, com novas obras, voltadas para aplicações práticas da avaliação psicológica em áreas como a psicologia forense, a psicologia da saúde e a psicologia organizacional.

Claudio Simon Hutz
Denise Ruschel Bandeira
Clarissa Marceli Trentini

SUMÁRIO

1

O QUE É AVALIAÇÃO PSICOLÓGICA – MÉTODOS, TÉCNICAS E TESTES

Claudio Simon Hutz

A avaliação psicológica é um processo, geralmente complexo, que tem por objetivo produzir hipóteses, ou diagnósticos, sobre uma pessoa ou um grupo. Essas hipóteses ou diagnósticos podem ser sobre o funcionamento intelectual, sobre as características da personalidade, sobre a aptidão para desempenhar uma ou um conjunto de tarefas, entre outras possibilidades. Às vezes, a expressão testagem psicológica é usada como sinônimo de avaliação psicológica. Aqui, é necessário cuidado. A testagem psicológica é parte (e nem sempre ou não necessariamente) da avaliação psicológica. Embora uma avaliação psicológica possa ser feita, em certos casos específicos, usando apenas testes psicológicos, essa não é a regra.

Antes de avançar, é importante mencionar que a avaliação psicológica tem uma longa história na psicologia, sendo uma de suas áreas mais antigas (Anastasi & Urbina, 2000; Primi, 2010). Testagens em larga escala começaram a ser usadas na China, há mais de 2.200 anos, durante a dinastia Han (206 a.C.), quando se iniciou um sistema imperial de seleção (Bowman, 1989), mas foi efetivamente no fim do século XIX, na França, que a testagem psicológica moderna começou.

No Brasil, a história da avaliação psicológica se confunde com a própria história da psicologia. Desde o início do século XX, tínhamos laboratórios desenvolvendo pesquisas nessas áreas. O primeiro laboratório foi fundado em 1907 e, em 1924, Medeiros Costa publicou o primeiro livro sobre testes psicológicos no país (Gomes, 2009; Hutz & Bandeira 2003). O livro de Medeiros Costa está disponível no Museu Virtual da Psicologia do Programa de Pós-graduação (PPG) em Psicologia da Universidade Federal do Rio Grande do Sul (UFRGS).[1]

[1] Acessar: www.ufrgs.br/museupsi/tests.htm.

Também é importante entender que a avaliação psicológica é uma área complexa com interfaces e aplicações em todas as áreas da psicologia. Em princípio, não se deve iniciar um procedimento, com pessoas ou grupos, em nenhuma área da psicologia sem um diagnóstico ou uma avaliação inicial dessa pessoa ou grupo. Realizado o procedimento (ou mesmo durante sua realização), é preciso avaliar os resultados. É, portanto, fundamental uma formação básica nessa área para trabalhar com eficiência e qualidade como psicólogo em qualquer outra área de aplicação da psicologia. Como essa formação deve ser feita ainda é objeto de discussão. O Instituto Brasileiro de Avaliação Psicológica (IBAP) tem promovido esse debate e publicado alguns documentos a respeito.[2] Está claro que a formação não se encerra na graduação. O psicólogo, embora legalmente apto a utilizar testes psicológicos e fazer avaliações psicológicas em todas as áreas, deve seguir sua formação por meio de cursos de especialização ou pós-graduação (mestrado, doutorado) e da leitura sistemática da literatura especializada da área. Porém, espera-se que, ao completar a graduação, o psicólogo tenha, entre muitos outros, conhecimentos básicos de psicometria (que são tratados neste livro) e condições de escolher e usar adequadamente instrumentos de avaliação psicológica.

TESTE PSICOLÓGICO

O que é um teste psicológico? É um instrumento que avalia (mede ou faz uma estimativa) construtos (também chamados de variáveis latentes) que não podem ser observados diretamente. Exemplos desses construtos seriam altruísmo, inteligência, extroversão, otimismo, ansiedade, entre muitos outros. Se conhecemos bem uma pessoa, ou se observarmos o comportamento dela por um longo período, podemos afirmar que, na nossa opinião, ela é (ou não) altruísta, ansiosa, otimista, e assim por diante. O psicólogo, contudo, não tem essa informação da convivência pessoal e, na verdade, precisa de dados mais precisos do que os gerados pela convivência. Em seguida, veremos como os testes fazem isso.

Urbina (2014, p.2) produz uma definição mais precisa de teste psicológico. Ela diz que o teste psicológico é um "... procedimento sistemático para coletar amostras de comportamento relevantes para o funcionamento cognitivo, afetivo ou interpessoal e para pontuar e avaliar essas amostras de acordo com normas". Vemos, aqui, a introdução de um novo conceito: normas. Um teste psico-

[2] Ver www.ibapnet.org.br.

lógico deve permitir que o resultado obtido por uma pessoa possa ser, de alguma forma, contextualizado. Por exemplo, um indivíduo faz um teste de inteligência (QI) e recebe um escore de 108. O número em si não teria significado se não tivéssemos normas para o teste (ver Cap. 3). Nesse caso, se for um teste de inteligência clássico, o aplicador saberia que a média da população é 100. Portanto, essa pessoa está acima da média. Saberia mais ainda. As normas informam como os escores se distribuem na população (ou pelo menos na amostra de normatização). O aplicador saberia que apenas 31% das pessoas obtêm escores mais altos que 108. Ou seja, esse sujeito está no percentil 69, isto é, seu escore é superior ao escore obtido por 68% das pessoas. Dessa forma, temos uma informação mais precisa do que aquela que seria obtida apenas pela observação ou convivência com a pessoa que fez o teste, e isso pode facilitar a tomada de decisão em várias situações. Por exemplo, se o teste tivesse sido feito por um adolescente cujo rendimento escolar é deficiente, o psicólogo saberia que as dificuldades na escola não decorrem de problemas de inteligência. Outros fatores podem estar interferindo em seu desempenho (problemas pessoais ou familiares, por exemplo). Uma avaliação psicológica levaria a respostas. Essa avaliação não seria feita apenas com testes. Envolveria também uma série de outras técnicas, especialmente entrevistas com o próprio adolescente, com seus pais, com professores, com colegas, etc.

Embora toda a questão de normatização dos testes seja discutida e apresentada em detalhes no Capítulo 3, é importante ressaltar alguns aspectos. Os manuais de testes normalmente apresentam tabelas com normas para o instrumento. Essas normas, às vezes, são apresentadas por faixa etária e, às vezes, por sexo. O desempenho em um teste pode se alterar de acordo com a idade, e essa variação não é necessariamente sempre na mesma direção. Por exemplo, no Teste de Autoestima de Rosenberg (Hutz, Zanon, & Vazquez, 2014), observamos que a média de autoestima aumenta com a idade da faixa etária dos 10 aos 12 anos para a faixa etária dos 13 aos 15 anos, diminui na faixa etária dos 18-30 anos, quando a amostra de normatização é de estudantes universitários, mas volta a subir na faixa etária dos 18 aos 50 anos, quando a amostra de normatização não é composta por estudantes universitários. Observam-se, também, diferenças entre homens e mulheres.

Portanto, é preciso ter muito cuidado ao se utilizar tabelas de normas de testes. É importante verificar os participantes da amostra de normatização. Outros grupos podem ter desempenho diferente, e o uso de normas válidas de um grupo para outro (diferente faixa etária, sexo, nível socioeconômico, escolaridade, localização geográfica, etc.) pode levar a erro.

A Figura 1.1 ilustra como os escores de um teste se distribuem em uma curva normal. É verdade que nem sempre as distribuições de construtos psicológicos são normais. Quando isso ocorre, a média e a mediana têm valores diferentes, e o pesquisador leva em consideração a distribuição não paramétrica ao desenvolver as normas. A Figura 1.1 permite entender com clareza o que ocorre quando temos uma amostra de tamanho adequado, efetivamente representativa da população. Essa amostra, chamada de normativa, é usada para estabelecer a tabela de normas que será encontrada no manual do teste.

Observe, entretanto, o que ocorre na Figura 1.1. Entre -0,5 e 0,5 desvio-padrão (DP) da média, temos 38,2% dos casos. No exemplo do teste de QI, um escore de 108 estaria 0,5 DP acima da média. Ou seja, esse escore é superior a 50% dos casos (que estão abaixo da média) + 19,1% dos casos que estão entre a média e 0,5 DP acima da média. É dessa forma que o psicólogo tem essa informação.

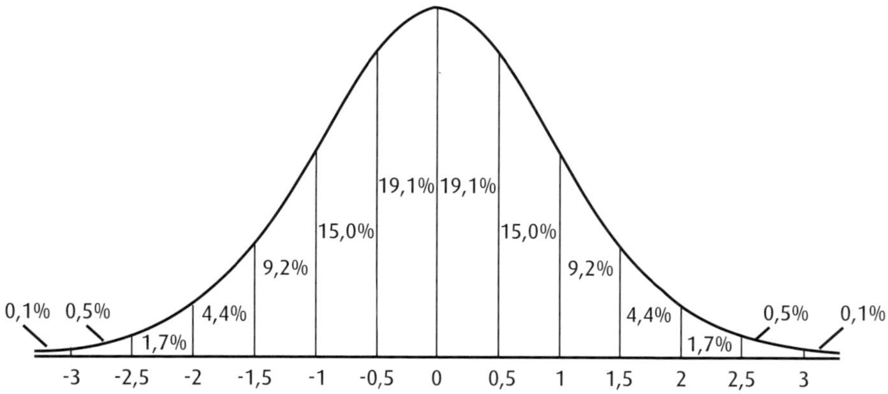

FIGURA 1.1 / Desvios-padrão e percentual de casos da amostra em cada intervalo da curva.
Fonte: Desenvolvida pelo NY State Education Department (2015).

A informação que obtemos com essa curva e os desvios-padrão é, sem dúvida, muito útil, mas, em muitos casos, não é realmente suficiente para tomar decisões. Na situação do adolescente com escore de 108 no teste de inteligência, a informação foi suficiente para descartar deficiência intelectual. Mas, se estamos utilizando um teste para fins de seleção de pessoal, ou para verificar se algum diagnóstico específico é provável, precisaríamos do que se chama de ponto de corte. Isto é, a partir de que escore diremos que o candidato está apto? Ou que a pessoa tem alta probabilidade de ter um transtorno específico? Como fazemos isso?

O psicólogo, em uma situação de seleção de pessoal, poderia colocar seu ponto de corte em 1 DP acima da média. Dessa forma, apenas 16% dos candidatos seriam aprovados para a próxima etapa. Se ele decidir ser mais rigoroso, poderia pôr o ponto de corte em 1,5 DP. Ao fazer isso, elimina os 9,2% dos indivíduos que têm escores entre 1 e 1,5 DP (Fig. 1.1), e apenas 6,7% passam para a segunda etapa.

Outro exemplo: uma psicóloga aplica um teste que avalia depressão. Em função do resultado, ela encaminhará ou não o paciente para um atendimento especializado. Como vimos, essa psicóloga poderia escolher um ponto de corte de forma arbitrária, mas ela certamente não fará isso. Ela não quer saber apenas qual o percentual de pessoas que tem escores mais baixos ou mais altos que o indivíduo que respondeu ao teste. Ela quer saber o seguinte: se eu escolher 1,5 DP como ponto de corte, qual o percentual de indivíduos com escore mais baixo que efetivamente tem depressão e não será diagnosticado? E qual o percentual de indivíduos com escore mais alto que será diagnosticado, mas não tem depressão? Ou seja, essa psicóloga quer saber qual erro será cometido com a escolha de um ponto de corte. Essa é uma informação que dificilmente será encontrada em manuais de testes, sendo preciso recorrer à literatura especializada.

Pontos de corte são imprescindíveis. No entanto, eles sempre implicarão algum erro de falso-positivos e falso-negativos. No caso da depressão, pode-se diminuir o erro de falso-positivos aumentando o ponto de corte, mas, fazendo isso, aumentará o erro de falso-negativos. Não há como eliminar a falha.

Observe, ainda, que esse erro pode ser magnificado se a pessoa testada não pertencer ao grupo para o qual foram desenvolvidas as normas, e também por outras características psicométricas do teste, como validade e fidedignidade (ver Caps. 5 e 6). O Conselho Federal de Psicologia (CFP) mantém um controle sobre os testes psicológicos utilizados no Brasil, garantindo que eles atendam a princípios básicos de validade e fidedignidade. Nos próximos capítulos, haverá muita informação sobre essa sistemática. Ainda assim, uma margem de erro estará sempre presente.

O que significa, então, tudo isso? Podemos usar testes com confiança? Devemos usá-los? A resposta é sim para ambas as questões. Testes são fundamentais no processo de avaliação psicológica. São instrumentos objetivos que oferecem informações preciosas sobre indivíduos. Entretanto, eles devem ser usados de forma adequada. Normalmente, não se deve produzir um diagnóstico com base apenas no resultado de um teste ou mesmo nos resultados de uma bateria (conjunto) de testes. É preciso contextualizar a informação que obtemos dos testes. A avaliação psicológica envolve, portanto, um conjunto de métodos e técnicas, e os testes são uma parte (muito importante, mas não exclusiva) desse processo. Dito isso, é importante frisar que, em algumas circunstâncias, pode ser adequado utilizar apenas um teste para fazer uma avaliação, especialmente quando se trabalha com grupos. Um exemplo disso pode ser visto em um trabalho que teve como objetivo auxiliar o Ministério do Trabalho em uma fiscalização de frigoríficos (abatedouros de galinhas) no sul do Brasil. Tratava-se de encontrar uma forma de demonstrar se haveria nexo causal entre o adoecimento mental e as condições de trabalho enfrentadas em alguns setores desses frigoríficos. Foi utilizado um único instrumento, a Escala Fatorial de Neuroticismo/ Ajustamento Emocional (EFN), que mede ansiedade, depressão, vulnerabilidade e desajustamento emocional. Esse teste foi aplicado a trabalhadores dos diferentes setores de produção e administrativos, e os resultados mostraram com muita clareza que o ambiente de trabalho de alguns setores estava efetivamente associado a índices mais elevados de ansiedade, depressão, vulnerabilidade e desajustamento. Os resultados dessa assessoria foram publicados e é interessante também porque mostra uma estratégia para usar a avaliação psicológica na defesa dos direitos dos trabalhadores (ver Hutz, Zanon, & Neto, 2013). Embora nessa e em outras situações seja apropriado usar apenas um teste ou um conjunto de testes, em geral, psicólogos utilizam outros métodos e técnicas para realizar uma avaliação psicológica.

OUTROS MÉTODOS E TÉCNICAS DE AVALIAÇÃO PSICOLÓGICA

Entrevista

Uma entrevista pode ser feita com diferentes finalidades e com vários objetivos. É um procedimento complexo que requer treinamento especializado. Este capítulo não tem por objetivo treinar ou ensinar a realizar entrevistas e, muito menos, esgotar uma discussão longa sobre todas as características e formas que elas podem assumir. Vamos apenas apresentar os aspectos básicos da entrevista. No próximo livro da coleção Avaliação Psicológica, que será lançado em breve, haverá uma série de capítulos que discutirão o uso de entrevistas para a realização de psicodiagnósticos.

Entrevistas podem ser estruturadas, semiestruturadas ou informais (não estruturadas). As primeiras seguem um roteiro muito preciso (veremos um exemplo mais adiante), em que o entrevistador dispõe de um conjunto de perguntas que devem ser feitas. Esse roteiro é organizado com o objetivo de colher dados específicos que permitam gerar hipóteses diagnósticas ou produzir comparações entre todas as pessoas entrevistadas. O entrevistador geralmente faz anotações ao longo da entrevista. As questões e as perguntas feitas não costumam requerer respostas longas e, por isso, em geral não são gravadas.

Entrevistas semiestruturadas, como o nome diz, também têm um roteiro e um conjunto básico de questões, mas o entrevistador não fica totalmente preso a esse roteiro e, em função das respostas, pode conduzir a entrevista para outros rumos e explorar com mais profundidade informações que o entrevistado traz. Contudo, há alguns tópicos que devem ser abordados ao longo da entrevista. O desvio para outros temas é feito com o objetivo de entender melhor o entrevistado e colher mais informações. Em geral, esse tipo de entrevista deve ser gravado.

Por fim, entrevistas informais, ou não estruturadas, não têm um roteiro preestabelecido, embora o entrevistador geralmente tenha algumas questões que deseje explorar. Ele ouve o entrevistado e, em função do conteúdo de sua fala, faz perguntas ou observações. A principal vantagem das entrevistas não estruturadas é a possibilidade que o entrevistador tem de descobrir novas informações ou de explorar um tópico de forma mais aprofundada. A desvantagem é o tempo necessário para realizar esse procedimento. Entrevistas não estruturadas podem demandar um tempo muito mais longo e devem sempre ser gravadas.

Como decidir qual tipo de entrevista usar? Não há uma regra absoluta. Depende muito do objetivo da entrevista e do próprio entrevistador. Para uma entrevista inicial, com um paciente que procura atendimento pela primeira vez em uma clínica ou consultório, geralmente são usadas entrevistas não estruturadas, apesar de algumas clínicas terem roteiros para entrevistas semiestruturadas. Já entrevistas de seleção de pessoal tendem a ser estruturadas ou semiestruturadas, dada sua natureza. Entrevistas clínicas ou de acompanhamento podem variar de estruturadas a não estruturadas, dependendo de seus objetivos específicos e da formação do entrevistador. Há literatura substancial nessa área, e não existe realmente consenso sobre que tipo de entrevista é melhor para cada finalidade. Provavelmente, a maioria dos clínicos prefira entrevistas estruturadas ou semiestruturadas para fazer diagnósticos; contudo, recentemente, Jones (2010) publicou uma defesa importante de entrevistas não estruturadas para fins de diagnóstico clínico.

Como já mencionado, há sempre necessidade de treinamento para a realização de entrevistas. Embora a entrevista seja fundamentalmente um processo de interação verbal, é importante observar atentamente o entrevistado. Gestos, expressão facial, tom de voz, silêncios e hesitações podem trazer informações importantes. O entrevistador deve ser treinado para fazer essas observações, não importa qual tipo de entrevista esteja sendo feito.

Há vários modelos de entrevistas estruturadas e semiestruturadas que são usadas para fins de diagnóstico. No segundo livro desta coleção, serão apresentados e discutidos alguns desses modelos. Um dos principais modelos, amplamente utilizado na prática clínica, é a Structured Clinical Interview para o DSM-IV (SCID), uma entrevista estruturada desenvolvida em versões para diagnosticar transtornos do Eixo I e do Eixo II do DSM-IV-TR (ver, p. ex., First, Williams, Spitzer, & Gibbon, 2007).[3] Adaptações já estão sendo feitas para o DSM-5, e em breve estará disponível a Structured Clinical Interview para o DSM-5 (First, Williams, Karg, & Spitzer, 2015). Outra importante entrevista estruturada é a Autism Diagnostic Interview (ADI-R), cuja versão original data do fim da década de 1980 (Lord, Rutter, & Couteur, 1994). Essa entrevista, em geral, é complementada por uma observação com um roteiro sistematizado, como veremos mais adiante.[4]

É importante notar que essas entrevistas para fins diagnósticos (demos, aqui, apenas dois exemplos de entrevistas estruturadas que são padrão-ouro) requerem extenso treinamento e que somente devem ser realizadas por especialistas na área.

Observação

Técnicas de observação vêm sendo desenvolvidas de forma sistemática desde meados do século XX para fins de avaliação psicológica (McReynolds, 1975). A observação é um método que gera muitas informações. Em maior ou menor escala, está quase sempre presente nos processos de avaliação psicológica, especialmente quando essa avaliação é individual, embora também possa ser utilizada com grupos. Quando se aplica um teste, o psicólogo deve prestar atenção ao comportamento do indivíduo que responde ao instrumento. O respondente está prestando atenção à tarefa? Ou está pensativo, olhando para cima ou para os lados? O respondente faz comentários? Enfim, são detalhes que, embora não sejam utilizados na pontuação do instrumento, permitem algumas inferências sobre a atitude com relação à testagem, sobre o estado de ânimo do testando, e podem auxiliar na interpretação dos resultados. Nas entrevistas, como mencionado anteriormente, a observação é muito importante. Há toda uma comunicação não verbal que precisa ser anotada e levada em consideração.

A observação geralmente é utilizada em ambientes escolares, em hospitais e clínicas e também em residências ou mesmo em laboratórios, para examinar comportamentos de crianças e interações de pais com seus filhos. Em algumas situações, a observação não pode ser substituída de forma adequada por testes ou entrevistas e deve necessariamente ser empregada.

---

[3] Mais informações sobre essas escalas e novidades, inclusive escalas para pesquisas, estão disponíveis em http://www.scid4.org/.

[4] Mais informações podem ser encontradas em www.transtornosdodesenvolvimento.com.

Várias técnicas foram desenvolvidas e têm sido utilizadas de forma sistemática, especialmente por psicólogos clínicos e por pesquisadores, tendo produzido vários estudos, alguns inclusive envolvendo questões referentes a sua validade e fidedignidade. O número de técnicas disponíveis é grande e para as mais variadas finalidades. Temos, por exemplo, uma técnica para diagnóstico de autismo, conhecida como The Autism Diagnostic Observation Schedule (Hurwitz & Yirmiya, 2014), que complementa a Autism Diagnostic Interview (ADI-R) (ver também Becker et al., 2012). No Brasil, ainda há poucos recursos nessa área, mas alguns pesquisadores vêm trabalhando para preencher essa lacuna. Marques e Bosa (no prelo) desenvolveram um protocolo de observação (PROTEA-R) que sistematiza a avaliação clínica de crianças com suspeita de autismo e que contém uma escala que avalia os comportamentos que são critérios diagnósticos no DSM-IV e no DSM-5. Há outros instrumentos sendo desenvolvidos para uso no Brasil, que em breve serão publicados. Uma revisão geral das propriedades psicométricas dos instrumentos disponíveis nessa área foi feita recentemente por Backes, Mônego, Bosa e Bandeira (2014).

Enfim, a observação pode envolver muitas técnicas e, como todas as práticas de avaliação psicológica, requer treinamento e preparação. Essa breve apresentação certamente não esgota o assunto. Ela apenas visa a introduzir a questão e a chamar a atenção para a importância e para a complexidade dos procedimentos de observação. Há extensa literatura sobre métodos e técnicas de observação. Boas fontes de revisão e informação, além das já citadas neste capítulo, podem ser encontradas em Hartman, Barrios e Wood (2003), para discussão de princípios gerais de observação comportamental, em Dishion e Granic (2003), para observação de relacionamentos e interações sociais, e em Skinner, Rhymer e McDaniel (2000), para observação em escolas.

QUESTÕES

1. Qual a diferença entre avaliação psicológica e testagem psicológica?
2. O que são pontos de corte? Por que eles são importantes?
3. Por que não se recomenda, em geral, que diagnósticos sejam feitos apenas com o uso de um teste?
4. Quais as vantagens e as desvantagens de usar entrevistas estruturadas e não estruturadas?
5. Por que a observação é importante na avaliação psicológica?

REFERÊNCIAS

Anastasi, A., & Urbina, S. (2000). *Testagem psicológica.* Porto Alegre: Artmed.

Backes, B., Mônego, B. G., Bosa, C. A., & Bandeira, D. R. (2014). Psychometric properties of assessment instruments for autism spectrum disorder: A systematic review of Brazilian studies. *Jornal Brasileiro de Psiquiatria, 63*(2), 154-164.

Becker, M. M., Wagner, M. B., Bosa, C. A., Schmidt, C., Longo, D., Papaleo, C., & Riego, R. S. (2012). Tradução e validação da ADI-R (Autism Diagnostic Interview-Revised) para diagnóstico de autismo no Brasil. *Arquivos de Neuro-Psiquiatria, 70*(3), 185-190.

Bowman, M. L. (1989). Testing individual differences in ancient China. *American Psychologist, 44*(3), 576-578.

Dishion, T. J., & Granic, I. (2003). Naturalistic observation of relationship processes. In S. N. Haynes, E. M. Heiby, & M. Hersen (Eds.), *Comprehensive handbook of psychological assessment* (Vol. 3, Behavioral Assessment, pp. 143-164). New Jersey: Wiley.

First, M. B., Williams, J. B.W., Karg, R. S., & Spitzer, R. L. (2015). *Structured clinical interview for DSM 5 disorders (SCID-5-CV)*. Arlington: APP.

First, M. B., Williams, J. B.W., Spitzer, R. L., & Gibbon, M. (2007). *Structured clinical interview for DSM-IV-TR Axis I disorders, clinical trials version (SCID-CT)*. New York: Biometrics Research, New York State Psychiatric Institute.

Gomes, W. B. (2009). A tradição em avaliação psicológica no Rio Grande do Sul: A liderança e a referência de Jurema Alcides Cunha. In C. S. Hutz (Org.), *Avanços e polêmicas em avaliação psicológica* (pp. 7-24). São Paulo: Casa do Psicólogo.

Hartmann, D. P., Barrios, B. A., & Wood, D. D. (2003). Principles of behavioral observation. In S. N. Haynes, E. M. Heiby, & M. Hersen (Orgs.), *Comprehensive handbook of psychological assessment* (vol. 3, Behavioral Assessment, pp. 108-127). New Jersey: Wiley.

Hurwitz, S., & Yirmiya, N. (2014). The Autism Diagnostic Observation Schedule (ADOS) and its uses in research and practice. In V. B. Patel, V. R. Preedy, & C. R. Martin (Orgs.), *Comprehensive guide to autism* (pp. 345-353). New York: Springer.

Hutz, C. S., & Bandeira, D. R. (2003). Avaliação psicológica no Brasil: Situação atual e desafios para o futuro. In O. H. Yamamoto, & V. V. Gouveia (Orgs.), *Construindo a psicologia brasileira: Desafios da ciência e prática psicológica* (pp. 261-278). São Paulo: Casa do Psicólogo.

Hutz, C. S., Zanon, C., & Neto, H. B. (2013). Adverse working conditions and mental illness in poultry slaughterhouses in Southern Brazil. *Psicologia: Reflexão e Crítica, 26*(2), 296-304.

Hutz, C. S., Zanon, C., & Vazquez, A. C. S. (2014). Escala de autoestima de Rosenberg. In C. S. Hutz (Org.), *Avaliação em psicologia positiva*. Porto Alegre: Artmed.

Jones, K. D. (2010). The unstructured clinical interview. *Journal of Counseling & Development, 88*(2), 220-226.

Lord, C., Rutter, M., & Le Couteur, A. (1994). Autism diagnostic interview-revised: A revised version of a diagnostic interview for caregivers of individuals with possible pervasive developmental disorders. *Journal of Autism and Developmental Disorders, 24*(5), 659-685.

Marques, D., & Bosa, C. A. (no prelo). Autismo: Validação preliminar de um protocolo clínico de observação do comportamento. *Psicologia: Teoria e Pesquisa.*

McReynolds, P. (1975). *Advances in psychological assessment.* San Francisco: Jossey-Bass.

NY State Education Department. (2015). *Finding your way around the TI-83+/84+ graphic calculator.* Recuperado de http://mathbits.com/MathBits/TISection/Statistics2/normaldistribution.htm

Primi, R. (2010). Avaliação psicológica no Brasil: Fundamentos, situação atual e direções para o futuro. *Psicologia: Teoria e Pesquisa, 26*(n. spe.), 25-35.

Skinner, C. H., Rhymer, K. N., & McDaniel, E. C. (2000). Naturalistic direct observation in educational settings. In S. N. Elliot, J. C. Witt, E. S. Shapiro, & T. R. Kratochwill (Eds.), *The Guilford school practitioner series: Conducting school based assessment of child and adolescent behavior* (pp. 21-54). New York: Guilford.

Urbina, S. (2014). *Essentials of psychological testing* (2nd ed.). Hoboken: Wiley.

LEITURA SUGERIDA

Lord, C., Risi, S., Lambrecht, L., Cook, E. H., Jr., Leventhal, B. L., DiLavore, P. C., ... Rutter, M. (2000). The autism diagnostic observation schedule-generic: A standard measure of social and communication deficits associated with the spectrum of autism. *Journal of Autism and Developmental Disorders, 30*(3), 205-223.

2

QUESTÕES BÁSICAS SOBRE MENSURAÇÃO

Nelson Hauck Filho
Cristian Zanon

Não é fácil definir o que significa *medir*. Mais complexo ainda é estabelecer de que forma fenômenos não diretamente observados, como a personalidade, a felicidade ou a depressão, podem ser quantificados. Seria mesmo possível mensurar algo tão impalpável quanto a inteligência de uma pessoa, da mesma forma como os físicos medem variáveis como velocidade, aceleração e atrito? Seriam as emoções humanas passíveis de mensuração? Essas questões têm ocupado gerações de pesquisadores, o que produziu um número de elaboradas tentativas de resposta. O objetivo deste capítulo é conduzir o leitor por algumas das principais abordagens ao problema da medida psicológica. Mais especificamente, serão apresentados a Teoria Clássica dos Testes, as Escalas de Medida, a Teoria da Medida Conjunta e os Modelos de Variáveis Latentes. Uma avaliação crítica levantará pontos fortes e fragilidades de cada abordagem, sem que seja defendido um ponto de vista superior aos demais.

POR QUE QUANTIFICAR?

Existem diversos motivos que sustentam o uso da quantificação em psicologia. Em primeiro lugar, escores produzidos por instrumentos psicométricos favorecem o teste empírico de hipóteses e a avaliação da plausibilidade de modelos teóricos explicativos. Como proposto por Karl Popper (1959), a ciência tem como pré-requisito que modelos e hipóteses sejam enunciados de maneira testável; ou seja, explicações teóricas dos fenômenos devem poder ser contrastadas com a realidade. Isso permite determinar qual entre duas ou mais explicações sobre um dado fenômeno se ajusta melhor aos dados e, assim, progressivamente, descartar modelos falsos. Por exemplo, o fenótipo psicopático deve-se a um déficit na experiência do medo (Lykken, 1995) ou a prejuízos ao processar estímulos periféricos ao foco atencional (Wallace & Newman, 2008)? O uso de métodos quantitativos pode ajudar pesquisadores a obter respostas a questões centrais como essa, de modo a aprofundar o conhecimento. Além disso, boa parte das práticas psicológicas se fundamenta em conhecimentos de pesquisas que se valeram de instrumentos psicométricos.

Outra razão evidente é a avaliação da efetividade de intervenções. Hans Eysenck (1953) foi um dos primeiros pesquisadores a chamar a atenção para a necessidade de investigar a efetividade das psicoterapias de um ponto de vista empírico. No Código de Ética Profissional do Psicólogo, consta que é obrigação do profissional "... prestar serviços psicológicos de qualidade ..., utilizando princípios, conhecimentos e técnicas reconhecidamente fundamentados na ciência psicológica" (Conselho Federal de Psicologia [CFP], 2005, p. 8). Como consequência, é de interesse de psicólogos e da sociedade saber quais intervenções são mais efetivas para o tratamento de condições psicológicas ou psiquiátricas específicas. Para tanto, são necessárias investigações empíricas, principalmente ensaios clínicos randomizados, e boa parte deles só é possível mediante a avaliação quantitativa de variáveis psicológicas. De fato, modelos derivados de experimentos bem conduzidos são essenciais para derivar implicações causais sobre a natureza dos fenômenos psicológicos e sociais (Antonakis, Bendahan, Jacquart, & Lalive, 2010). O mesmo se aplica a avaliações de impacto de políticas públicas: saber se um determinado plano de intervenção traz ou não benefícios aos brasileiros depende, muitas vezes, de boas avaliações psicométricas de atributos como qualidade de vida, bem-estar subjetivo e psicopatologia.

A quantificação e a psicometria também são importantes no que diz respeito à comunicação entre profissionais. Os resultados de uma testagem psicológica, geralmente, produzem escores que localizam um indivíduo em relação a seu grupo de referência. Dessa forma, facilitam o entendimento entre os psicólogos e outros profissionais acerca das forças e fraquezas de dado paciente. Há uma crescente demanda por avaliações psicológicas em diversos contextos profissionais, como hospitalar, clínico, organizacional e mesmo jurídico. Ferramentas psicométricas podem ser de grande valia em muitos desses casos, fornecendo informações mais fáceis de serem compreendidas e comunicadas a outros profissionais.

Outra entre tantas razões para a quantificação em psicologia é a reprodutibilidade. Um caso célebre recente foi o do pesquisador holandês Diederik Stapel, que publicou diversos estudos na área da psicologia social em que os dados tinham sido adulterados para produzir os resultados esperados. Para prevenir casos assim, cada vez mais a comunidade acadêmica tem exigido que estudos científicos sejam reproduzíveis, sendo estimulada a disponibilidade pública de bancos de dados e de outras informações. Novamente, a quantificação facilita a reprodutibilidade em pesquisa, uma vez que bancos de dados e análises quantitativas podem ser sempre checados por outros pesquisadores, proporcionando uma crítica mais apurada das conclusões das pesquisas.

Embora tudo isso não signifique que avaliações psicométricas não tenham limitações (o que será abordado adiante), as vantagens da quantificação em psicologia sustentam seu uso para fins teóricos e práticos. Vale ressaltar que uma medida nunca tem como alvo um objeto, e sim uma propriedade de um objeto. Assim, a quantificação em psicologia não tem como alvo o ser humano em sua totalidade, mas somente características específicas suas. Avaliar algumas propriedades não implica reduzir, e sim delimitar uma área de interesse no estudo das diferenças individuais, o que ajuda a entender quão única é uma pessoa.

ABORDAGENS DA MEDIDA PSICOLÓGICA

Não há consenso na literatura sobre qual a melhor maneira de medir fenômenos psicológicos. A seguir, apresentaremos diversas abordagens alternativas na área, tendo como inspiração a taxonomia elaborada por Borsboom (2005). O leitor será conduzido pelos domínios da Teoria Clássica dos Testes, das Escalas de Medida, da Teoria da Medida Conjunta e dos Modelos de Variáveis Latentes. Para cada perspectiva, serão introduzidos os principais conceitos e discutidas algumas vantagens e desvantagens.

Teoria Clássica dos Testes

A Teoria Clássica dos Testes (TCT) foi iniciada pelos trabalhos pioneiros de Charles Spearman e Louis Thurstone, entre outros, e formalizada, principalmente, por Lord e Novick (1968). Trata-se de uma das primeiras tentativas formais de mensuração em psicologia. O foco da TCT é nos escores observados produzidos pelos instrumentos psicométricos e em quanto erro de medida eles apresentam.

Para fins de exposição, erro é aquilo que acontece quando, independentemente do porquê, João obtém um escore em um instrumento (p. ex., de inteligência) que se distancia do escore verdadeiro do rapaz ou do que seria esperado para ele. Assim, vamos supor que João respondesse a um teste de inteligência e obtivesse um escore de 100 pontos. A primeira pergunta da TCT seria: esse escore é isento de erro, ou seja, ele é equivalente ao verdadeiro escore de João? Talvez sim, mas, muito provavelmente, não. Seguindo o argumento da TCT, escores produzidos pelos testes geralmente contêm erro. Algumas vezes, eles subestimam e, outras vezes, inflacionam o verdadeiro escore de um indivíduo.

O experimento mental que fundamenta a TCT é o de que o escore verdadeiro seria, então, a média esperada para os escores de um indivíduo, caso fosse possível que ele respondesse ao instrumento infinitas vezes, todas elas sem lembrar de ter respondido antes. Nesse caso,

$$t = X - E \quad (1)$$

Em que,
t = escore verdadeiro
X = escore observado
E = erro aleatório

O escore verdadeiro de um indivíduo é, então, uma constante t, definida como E[X], ou seja, a esperança ou média esperada para o escore observado X, dada a possibilidade teórica de infinitas replicações da testagem. Resgatando o exemplo anterior, talvez a média de infinitas medidas para João não fosse 100, e sim 102 (o exemplo clássico oferecido por Lord & Novick, 1968, é o de um sujeito chamado Mr. Brown, que participa de infinitas testagens). O erro E da equação (1) é uma variável aleatória com média 0 e distribuição normal; isto é, ao longo dessas infinitas replicações, o erro surgiria algumas vezes como positivo, inflacionando o escore de João, e outras vezes como negativo, subestimando esse escore. Não sendo possível, na vida real, testar João infinitas vezes quanto a sua inteligência, frequentemente, dispomos apenas do escore observado X como medida da inteligência de João. Permanece uma incógnita o seu escore verdadeiro t.

Isso exposto, o foco da TCT é, então, estimar o erro contido nos escores observados, a fim de conhecer melhor o escore verdadeiro t. A medida usada para essa finalidade é chamada de *fidedignidade,* ou *confiabilidade.* A fidedignidade determina o quanto da variância ou variabilidade nos escores observados X (ao longo das inúmeras replicações) é devida ao escore verdadeiro t, e não ao erro aleatório, ou seja, Var(X)/Var(t) (Graham, 2006). Assim, se Var(X) = Var(t), então a fidedignidade é igual a 1,00, ocasião em que os escores produzidos são maximamente fidedignos. De fato, na TCT, a fidedignidade é medida por coeficientes cujos valores situam-se entre 0 e 1, sendo aceitos como desejáveis valores acima de 0,70. O único detalhe é que, na vida real, a fidedignidade é calculada para uma amostra de indivíduos que responderam ao instrumento apenas uma vez, e não para alguém como João ou Mr. Brown, eternamente respondendo a um teste. A alteração requerida na equação (1), em virtude disso, é tornar o t minúsculo (que indica uma constante com valor fixo para o indivíduo) em um *T* maiúsculo, definindo uma variável aleatória, cuja variância agora se dá entre indivíduos, e não apenas intraindivíduos (Borsboom, 2005).

Um dos coeficientes mais conhecidos é o alfa (Cronbach, 1951; Guttman, 1945), apresentado com mais detalhes no capítulo sobre fidedignidade. Esse coeficiente deriva de um modelo um pouco mais restrito que aquele apresentado na equação (1), conhecido como *essencialmente tau-equivalente* (ver Miller, 1995). A ideia de usar o coeficiente alfa é saber o quanto ele é consistente em se aproximar do escore verdadeiro do indivíduo, o que nos dá uma estimativa do erro de medida ocorrido. Embora também fundamentado no experimento mental das infinitas medidas repetidas, o coeficiente tem sido, tradicionalmente, utilizado para avaliar a consistência interna de dados coletados transversalmente (com apenas uma ocasião de aplicação). No caso de João, poderíamos usar o coeficiente alfa para avaliar a consistência interna dos itens do teste se eles tivessem sido aplicados ao rapaz e a outras pessoas. Um valor próximo a 1,0 indicaria baixos níveis de erro na medida da inteligência. Outras abordagens, como o teste-reteste e as formas paralelas, são discutidas com mais detalhes no Capítulo 6.

As principais vantagens da TCT como abordagem da medida psicológica são sua relativa simplicidade conceitual (o principal tema é a fidedignidade) e a grande disponibilidade dos métodos em programas estatísticos. Em boa parte dos estudos empíricos na área da psicologia, autores relatam um ou mais coeficientes da TCT como medida da fidedignidade dos instrumentos utilizados nas análises. A fidedignidade, de fato, é uma das principais propriedades psicométricas de um teste (American Educational Research Association [AERA], American Psychological Association [APA], & National Council on Measurement Education [NCME], 1999), de modo que a TCT fornece definições que são úteis mesmo atualmente. A TCT é uma elegante e simples abordagem ao problema da medida psicológica, representando um importante marco na história da psicometria.

Desvantagens são os pressupostos improváveis assumidos pelas técnicas da TCT. O modelo conceitual do *paralelismo* (ver Graham, 2006), que sustenta as técnicas do teste-reteste e das formas paralelas, assume que, se fossem feitas infinitas aplicações de um teste, os itens apresentariam médias e desvios-padrão idênticos, além das mesmas correlações com critérios externos (Embretson & Reise, 2000). Não apenas esses pressupostos são difíceis de assumir, como também não há um teste legítimo do modelo, uma vez que nunca são feitas infinitas medidas, mas apenas uma testagem (Borsboom, 2005). Mesmo técnicas baseadas em modelos menos restritivos, como o coeficiente alfa, são acusadas de serem, a rigor, dificilmente adequadas a dados reais (Graham, 2006; Sijtsma, 2009).

Outra limitação é que, no modelo da equação (1), *t* é meramente uma média para escores observados. Nada é dito a respeito de *por que* os indivíduos respondem da forma como respondem, mas apenas o que seria esperado em infinitas testagens. Isso traz diversos problemas conceituais. Borsboom (2005) oferece como exemplo o fato de que somar algo como a altura de uma pessoa ao seu número favorito e ao número de sua casa resulta em um escore observado que, em infinitas medidas repetidas, obterá uma variância erro muito pequena — ou seja, será altamente fidedigno. Isso, no entanto, não confere nenhuma relevância prática ou teórica a esse escore, uma vez que ele não representa uma medida de uma propriedade real.

Escalas de Medida

A abordagem da medida psicológica a partir da definição de níveis de mensuração é uma das mais populares na psicologia (para uma revisão e crítica, ver Michell, 1997). A proposta foi elaborada por Stevens (1946) como uma tentativa de defender a psicofísica (e a psicometria em geral) do ataque de alguns físicos e matemáticos no início do século XX (Michell, 2008b). A crítica era a de que a aditividade dos atributos psicológicos jamais havia sido demonstrada, faltando uma justificativa para usar o termo "medir" ao se referir às variáveis psicológicas.

A resposta de Stevens foi engenhosa. Em vez de construir um modelo de medida próprio para a psicologia (como na TCT), ele elaborou uma proposta taxonômica com a intenção de englobar ao conceito de medida práticas observadas em diversas áreas do conhecimento. "Talvez fosse mais fácil um acordo se nós reconhecêssemos que a mensuração existe em uma variedade de formas e que escalas de medida ocorrem em certas classes definidas" (Stevens, 1946, p. 677, tradução livre). Disso, resultou a separação em, pelo menos, quatro níveis de mensuração: nominal, ordinal, intervalar e de razão, como apresentados na Tabela 2.1.

Na Tabela 2.1, os quatro níveis de mensuração são apresentados em um crescente de sofisticação, indo do nível nominal ao de razão, o mais complexo de todos. O nível nominal aplica-se quando o uso do número torna possível apenas distinguir os indivíduos. Por exemplo, o número do telefone de João é único no sentido que de, ao discarmos, João atenderá, e não outra pessoa (salvo quando ele está dirigindo e sua esposa atende). Esse número não significa qualquer outra coisa além disso: ele especifica o telefone de João e o distingue do código que faz soar o aparelho telefônico de outras pessoas.

O nível ordinal, por sua vez, adiciona significado à representação numérica. Se João está em um supermercado do Estado de São Paulo, sabe que, ao se dirigir ao balcão dos frios e receber o número 235, isso significa que ele será atendido depois da pessoa que recebeu o 234 e antes da pessoa que recebeu o 236. Isso não garante, entretanto, que João e os demais clientes demorarão o mesmo tempo com seus pedidos; apenas estabelece uma ordem entre eles. Se, após comprar presunto e queijo, João for à prateleira das cervejas e ficar indeciso entre uma Imperial India Pale Ale e uma India Pale Ale, ele pode consultar, no rótulo das garrafas, o amargor de cada uma delas por meio do escore International Bittering Units (IBUs). Uma cerveja com 100 pontos é mais amarga do que outra com 50 pontos. Todavia, a natureza ordinal da escala não sustenta a inferência de que uma contém o dobro do amargor da outra.

Os níveis intervalar e de razão, por sua vez, aplicam-se quando há, além da ordem, intervalos regulares entre os valores. Assim, se João demora 20 minutos para completar um teste de inteligência, mas sua mulher o faz em apenas 10 minutos, isso significa que ela leva, exatamente, a metade do tempo. A única diferença entre uma escala intervalar e uma escala de razão seria que, na última, haveria um zero natural, enquanto na primeira, não. A medida do tempo que João leva para responder ao teste é, portanto, em escala de razão, pois existe um escore zero que caracteriza nenhum tempo decorrido – mesmo que tenha pouca aplicabilidade prática nessa situação. Argumenta-se que atributos psicológicos, em geral, embora medidos em escalas ordinais (p. ex., escala Likert), em seu âmago, são atributos de natureza intervalar. A ideia é que, caso pudéssemos observar diretamente a variável inteligência, encontraríamos uma escala intervalar com infinitos valores possíveis, mas sem um zero natural. Em outras palavras, seria possível estabelecer as diferenças precisas de inteligência entre os indivíduos, mas não existiria um indivíduo absolutamente desprovido de inteligência (zero natural). Vale mencionar que, de acordo com alguns autores, não existem evidências disponíveis que sustentem essa interpretação acerca da natureza dos atributos psicológicos (Michell, 2012).

Cada tipo de escala apresenta possibilidades em termos de operações empíricas e análises estatísticas. Qualquer nível de mensuração admite sempre todas as operações e tipos de análises dos níveis inferiores, mas não o contrário. Por exemplo, variáveis ordinais permitem a construção de *ranks* ou postos para ordenar escores e também verificar igualdade ou dissimilaridade, a única operação possível em um nível nominal. No entanto, escalas ordinais não permitem a comparação de intervalos ou diferenças, característica apenas das escalas intervalar e de razão. O mesmo se aplica às análises estatísticas. Assim, uma escala ordinal permite cálculo de frequência, moda e estatísticas baseadas em tabelas de contingência (nível nominal), além de cálculo de mediana, percentil e correlações policóricas ou tetracóricas. Não admitem, no entanto, o uso de técnicas que somente são possíveis a partir de um nível intervalar (p. ex., média e desvio-padrão) ou, então, de razão (p. ex., coeficiente de variação).

Há diversas vantagens em usar a perspectiva das escalas de Stevens. A primeiro delas é que a taxonomia estabelece um panorama comum a partir do qual podem ser classificadas todas as formas de medida existentes, sejam de variáveis psicológicas, sejam químicas, físicas ou outras. Em vez de limitar a possibilidade da medida às ditas ciências duras, Stevens propôs que seria melhor reconhecer variados níveis de medida, cada um ocorrendo em muitas áreas da pesquisa científica. Os níveis de mensuração também oferecem diretrizes quanto ao tipo de análise estatística pertinente a cada caso, integrando a teoria com as atividades práticas dos pesquisadores. Além disso, a abordagem foi o passo inicial para a elaboração da elegante Teoria da Medida Conjunta (Krantz, Luce, Suppes, & Tversky, 1971; Luce, 1966; Luce & Tukey, 1964), assunto da próxima seção.

Se, por um lado, há pontos positivos, por outro, sobram críticas à perspectiva das escalas. Uma delas é que as escalas não consistem apenas em atri-

TABELA 2.1
Escalas de Stevens

Escala	Operações empíricas possíveis	Análises estatísticas	Exemplos
Nominal	Verificação de igualdade ou dissimilaridade	Frequência, moda, correlação para tabelas de contingência, etc.	Número de CPF, número nas camisas de futebol, números de telefone
Ordinal	Estabelecimento de ordem	Mediana, percentil, correlações policóricas ou tetracóricas	Escores em escala Likert, escores totais em instrumentos psicométricos, pontuações em concursos de beleza, International Bittering Units (unidades de amargor de cervejas)
Intervalar	Comparação entre intervalos ou diferenças (sem a existência de um zero natural)	Média, desvio-padrão, correlação linear, modelos lineares em geral	Temperatura, atributos psicológicos como inteligência e personalidade (supostamente)
Razão	Determinação da igualdade de proporções T (considerando a existência de um zero natural)	Coeficiente de variação	Tempo de reação, velocidade, aceleração, massa, forças

Fonte: Stevens (1946).

buir numerais, como pode parecer, mas dependem da satisfação de condições de postulados altamente improváveis, como o Teorema da Representação. Simplificadamente, segundo o teorema, atribuir números a uma variável e construir uma escala intervalar depende de, primeiro, alguém experienciar, qualitativamente, as diferenças entre os objetos e então usar números para representar essas diferenças percebidas sensivelmente (Finkelstein & Leaning, 1984). Uma interpretação literal dessa condição requereria, previamente à construção das escalas, a existência de um super-humano (ou o "Demônio de Laplace") capaz de captar, com precisão, todas as diferenças e intervalos ao comparar os objetos e, somente então, construir escalas (Borsboom, 2005). Isso é logicamente impossível.

A teoria também parece confundir a construção de uma escala com a investigação empírica de se uma variável ou atributo é, de fato, quantitativa (Michell, 1997, 2008b). Argumenta-se que a possibilidade de medir não é a mesma que a possibilidade de inventar um escala; medir seria possível apenas quando o atributo em questão apresenta uma estrutura quantitativa contínua, tal como definido na literatura técnica (Michell, 2005). Vista dessa perspectiva, a mensurabilidade depende das características do objeto (*ontologia*), e não simplesmente da construção de escalas (*epistemologia*).

Teoria da Medida Conjunta

A Teoria da Medida Conjunta (TMC) (Luce & Tukey, 1964) tem sido considerada a mais importante abordagem teórica da medida dos fenômenos psicológicos (Karabatsos, 2001; Michell, 2005). As perspectivas das escalas de Stevens e a TMC se inserem naquilo que é conhecido como "Teoria Representacional da Medida" (para uma introdução, ver Díez, 1997a, 1997b). Brevemente, ambas buscam construir representações numéricas para as relações de similaridade ou dissimilaridade entre pessoas (ou objetos) em termos de um atributo em comum. No entanto, a TMC consiste em uma abordagem muito mais avançada, formalizada e precisa do que a perspectiva de Stevens (1946), motivo pelo qual é abordada aqui como uma perspectiva à parte.

A TMC consiste em um conjunto de axiomas que estabelecem condições para a construção de escalas intervalares (ou de outra natureza) de variáveis psicológicas ou de qualquer outro tipo. Em função da complexidade da abordagem, este capítulo limita-se a apresentar um exemplo simplificado da teoria. Leitores interessados devem consultar a obra original (Luce & Tukey, 1964) e seus refinamentos (Krantz et al., 1971; Luce, 1966) ou textos introdutórios, como o capítulo de Golino e Gomes (no prelo).

A TMC é especialmente útil quando a intenção é construir escalas intervalares para mensurar variáveis de natureza *intrínseca*. Entender o que é uma variável desse tipo requer, primeiro, uma definição de variável *extrínseca*. De maneira direta, uma variável extrínseca é aquela que admite concatenação física. Por exemplo, o comprimento de um bastão de madeira equivale à concatenação de pedaços menores de madeira. O mesmo se aplica à massa, ao volume e a diversas outras propriedades físicas dos objetos. Uma variável intrínseca, em contrapartida, não admite concatenação, ainda que possa, em princípio, ser também quantitativa. Um exemplo clássico é a temperatura (ver Michell, 2005). Se dois líquidos com temperaturas diferentes forem colocados juntos em um novo recipiente, a massa e o volume resultantes serão a soma das massas e dos volumes individuais. No entanto, a temperatura final do líquido não será a soma das temperaturas dos dois líquidos individualmente. Assim, a temperatura, apesar de quantitativa, não admite concatenação.

Variáveis psicológicas são sempre intrínsecas, exatamente como a temperatura. A diferença é que a natureza quantitativa e aditiva da temperatura está bastante estabelecida, o que não é o caso no que diz respeito aos atributos psicológicos. A TMC, portanto, consiste em um valioso método de testar se variáveis psicológicas são ou não quantitativas e se admitem a criação de uma escala intervalar (Luce & Tukey, 1964). Medida "conjunta" no nome da teoria remete ao fato de que essa escala intervalar é obtida, simultaneamente, para três variáveis relacionadas, e não apenas uma.

O exemplo mais intuitivo em psicologia seria construir escalas intervalares para medir, conjuntamente, pessoas, itens e as respostas das pessoas aos itens. Suponhamos três grupos de pessoas, *A*, *B* e *C*. Imaginemos que o grupo *A* contém pessoas mais inteligentes do que os grupos *B* e *C*, e que, por sua vez, o grupo *B* contém pessoas mais inteligentes do que o grupo *C*. Além disso, dentro de cada grupo, todas as pessoas são igualmente (ou quase igualmente) inteligentes, tornando cada grupo homogêneo. Agora vamos imaginar que os três grupos respondem a três itens avaliativos de inteligência, *j*, *k* e *l*. O item *j* foi elaborado para ser mais difícil do que os itens *k* e *l*, e o item *k* foi construído para ser mais difícil do que o item *l*. A aplicação da TMC consistiria em investigar se as respostas das pessoas aos itens resultariam da aditividade do atributo das pessoas (a inteligência) e do atributo dos itens (a dificuldade). Os resultados para esse exemplo hipotético são apresentados na Tabela 2.2.

Coerente com o esperado, maiores proporções médias de acerto foram observadas para o grupo *A* (70%), seguido pelo grupo *B* (35%) e então o grupo *C*, que obteve a menor média (25%). Também de acordo com a expectativa, o item que recebeu a maior média de acertos foi exatamente o mais fácil deles, o *l* (53,33%), seguido por *k* (43,33%) e, então, o mais difícil entre os três, o *j* (33,3%). Assim, a princípio, as características das pessoas e dos itens expli-

TABELA 2.2
Proporções de acerto (%) de cada grupo a cada item de inteligência

Grupo	Itens			
	j	*k*	*l*	Média
A	50	70	90	70
B	30	35	40	35
C	20	25	30	25
Média	33,33	43,33	53,33	

cam as respostas (os acertos) contidas na tabela. A próxima etapa consistiria em uma análise mais aprofundada das propriedades das variáveis das linhas (nível de inteligência), das colunas (nível de dificuldade) e das caselas resultantes do cruzamento de linhas e colunas (acertos). Provavelmente, os resultados satisfazem algumas condições:

Ordem fraca: se a inteligência de $A \gtrsim B \gtrsim C$ ("$\gtrsim$" significa "é percebida como maior ou equivalente a"), e se a dificuldade de $j \gtrsim k \gtrsim l$, então, deve haver também uma ordem nos valores das linhas e das colunas. De fato, observa-se que, em cada linha, os valores estão dispostos de maneira crescente da esquerda para a direita. Além disso, em cada coluna, os valores estão dispostos de maneira decrescente de cima para baixo.

Solubilidade: as diferenças entre as caselas devem ser sempre determináveis. Por exemplo, deve haver uma casela que satisfaça a equivalência expressa por $(B, j) - (C, j) \sim (B, l) - x$ ("$\sim$" significa "equivale a"). Substituindo os pares ordenados pelos valores correspondentes na tabela, temos que (30) – (20) = (40) – (x). Assim, vemos que x pode ser substituído pelo valor da casela "C, l", que é 30. A Tabela 2.2 contém apenas nove caselas, mas haveria mais valores correspondentes a cada diferença possível entre pares de caselas se houvesse mais grupos e mais itens.

Cancelamento duplo: a ordem entre os grupos e os itens deve ser refletir em ordem também nas diagonais da tabela. Assim, vê-se que os valores das caselas estão ordenados nas diagonais, não importando o sentido que se tome como ponto de partida.

Condição de Arquimedes: essa condição especifica que toda diferença entre caselas deverá ter sempre uma diferença entre outro par de caselas que receberá um valor maior; em outras palavras, não há diferença que seja maior do que todas as demais. Novamente, embora a Tabela 2.2 não satisfaça essa condição, haveria uma tendência nesse sentido, se houvesse mais grupos e mais itens.

Satisfeitas essas e outras condições (Luce, 1966; Luce & Tukey, 1964), seria possível argumentar que as três variáveis em questão apresentam uma estrutura aditiva. Portanto, a inteligência das pessoas e a dificuldade dos itens, quando adicionadas, explicam as proporções de acerto. O exemplo hipotético, assim, garantiria ser possível construir uma escala intervalar para as três variáveis. Estaria assegurada a possibilidade de medir um fenômeno como a inteligência, sendo ele, então, considerado um atributo intensivo de natureza quantitativa.

Alguns autores argumentam que a melhor maneira de realizar o teste dessas quatro condições explicadas é utilizando o modelo de Rasch ou um de seus derivados (Bond & Fox, 2007; Brogden, 1977; Karabatsos, 2001; Perline, Wright, & Wainer, 1979). De acordo com esses autores, existiria uma analogia entre a formulação do modelo Rasch e da TMC, comparação não generalizável a outros modelos da Teoria da Resposta ao Item (Perline et al., 1979). Consequentemente, se o modelo de Rasch (1960) ajusta-se aos dados, são satisfeitas as condições da ordem fraca, da solvabilidade, do cancelamento duplo e a condição de Arquimedes. Portanto, as variáveis das pessoas e dos itens estão sendo medidas de maneira intervalar, sendo asseguradas as mesmas propriedades antes descritas na Tabela 2.1 para escalas intervalares.

Existem diversas vantagens quanto à proposta da TMC. A teoria reveste-se de uma elegância formal que justifica a reivindicação de ser a mais importante contribuição da história à medida psicológica (Karabatsos, 2001). O encadeamento lógico da teoria assegura que é possível testar se variáveis intrínsecas, como aquelas de natureza psicológica, apresentam uma estrutura aditiva para fins da construção de uma escala intervalar. A TMC recebeu diversas generalizações e aprofundamentos que exploraram novas condições e aplicações da teoria (Krantz et al., 1971; Luce, 1966). Trata-se de uma das mais engenhosas e belas propostas ao problema da medida psicológica.

Infelizmente, apesar de bastante popular na literatura especializada, a TMC ainda é desconhecida pela maioria dos psicólogos. Apesar da beleza matemática, o alto nível de complexidade da teoria a torna pouco acessível a pesquisadores leigos na área. Além disso, os axiomas são difíceis de testar com dados reais (Michell, 2008b). Em acréscimo, não há unanimidade na literatura quanto à validade da conclusão de que os modelos de Rasch, de fato, são testes empíricos das condições da TMC (ver Kyngdon, 2008; Michell, 2008a), ainda que talvez sejam aquilo que mais se aproxime de um verdadeiro teste empírico dos axiomas.

Modelos de Variáveis Latentes

Explicações dos fenômenos naturais que invocam causas ocultas não são novidade. As primeiras intuições cosmológicas, surgidas antes mesmo dos primeiros filósofos gregos, invocavam a paixão e a ira dos deuses como causa imediata dos fenômenos (Gleiser, 1997). Aos poucos, o entendimento foi mudando e passando a considerar as forças físicas que agem sobre a matéria, particularmente após o estabelecimento do método científico. Entretanto, permaneceu garantida a possibilidade de que algumas causas dos fenômenos naturais não são diretamente observadas. Um exemplo são os campos eletromagnéticos, capazes de interferir na matéria sem que sejam, necessariamente, visíveis a um observador (Popper, 1959).

Modelos de Variáveis Latentes (MVL), assim como no caso de campos eletromagnéticos, recorrem a elementos não necessariamente observados como causas das respostas dos indivíduos aos itens dos testes. A ideia que unifica os diversos modelos disponíveis é a de que as covariâncias ou as correlações entre as respostas aos itens dos testes são explicadas por um conjunto menor de causas latentes (Borsboom, 2008). Estabelecido esse elemento comum, eles podem, entretanto, divergir com relação a como concebem as variáveis latentes de interesse. Há modelos para casos em que a variável latente é entendida como contínua, como a inteligência e a personalidade, e há modelos para circunstâncias em que ela é hipotetizada como categórica, como tipos de psicopatologia, sem mencionar, ainda, outras possibilidades (ver Masyn, Henderson, & Greenbaum, 2010). Para fins de simplicidade, neste capítulo, abordaremos apenas modelos de variáveis latentes contínuas, embora a discussão se aplique aos demais tipos.

Os principais MVL contínuas são aqueles conhecidos como análise fatorial, ou de fatores comuns (exploratória ou confirmatória), e Teoria de Resposta ao Item (TRI), ou análise do traço latente (*Latent Trait Analysis*). A ideia comum a todos eles é introduzida na Figura 2.1. Variáveis representadas em um círculo são aquelas não diretamente observadas, enquanto quadrados indicam variáveis observadas, imediatamente disponíveis em um banco de dados. Assim, observamos que os escores obtidos para os itens Y_1, Y_2, Y_3 e Y_4 ocorrem em função de uma variável não observada, X, além de fontes de erro aleatórias, ε_1, ε_2, ε_3 e ε_4. Os itens são independentes após remover a influência da variável latente, do que resulta serem os erros não correlacionados entre si e com a variável latente X. Essa importante propriedade é conhecida como independência local (Borsboom, 2008).

Essa figura descreve um modelo conhecido na literatura como reflexivo, em que a direção causal flui da variável latente para seus indicadores (Bollen & Lennox, 1991; Edwards & Bagozzi, 2000). Um bom exemplo de aplicação do modelo seria o caso da inteligência. Em geral, entendemos que a propriedade

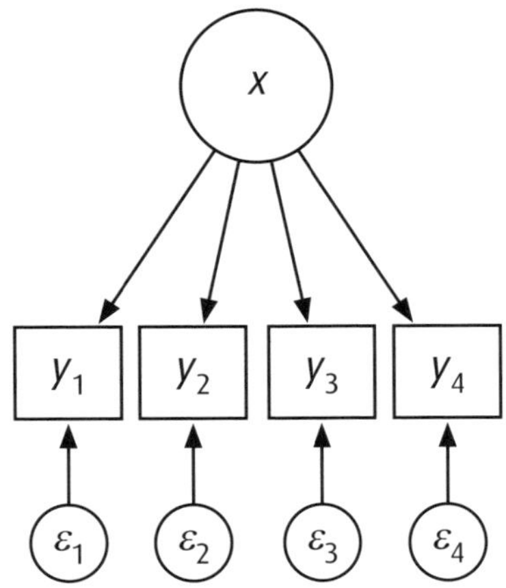

FIGURA 2.1 / Modelo reflexivo comum à análise fatorial e à TRI.

inteligência causa ou explica os diferentes escores obtidos pelas pessoas ao responderem a um teste de inteligência. Seria pertinente, portanto, modelar essa variável como *X*, e os indicadores, como itens de raciocínio ou algum outro aspecto relacionado à inteligência. Uma especificação desse tipo implicaria, entre outras coisas, que a inteligência não é definida pelos itens utilizados, existindo de maneira independente deles (Bollen & Lennox, 1991; Edwards & Bagozzi, 2000). Ou seja, seria possível substituir os itens por outros, desde que válidos, e continuar a avaliar a mesma variável latente. Em contraste, modelos em que o sentido causal é o inverso (dos itens para a variável latente), como ocorre na análise de componentes principais, não são a melhor maneira de representar fenômenos como a inteligência (Markus & Borsboom, 2013), mas aplicam-se muito bem a índices como *status* socioeconômico, clima organizacional e clima de aprendizagem.

A análise fatorial e a TRI são baseadas em uma mesma proposta reflexiva. São muito úteis para testar a hipótese de que o fator psicológico por trás dos comportamentos observados é algo que existe em quantidades, e não em qualidades distintas. A análise fatorial e a TRI aplicam-se à análise de fenômenos como a inteligência, a personalidade e muitos outros fenômenos psicológicos que são concebidos como existindo em quantidades – e não em qualidades ou tipos. O modelo dos Cinco Grandes Fatores, por exemplo, aborda a variabilidade fenotípica comportamental como resultado de cinco variáveis latentes contínuas: extroversão, socialização, conscienciosidade (ou realização), neuroticismo e abertura (John, Naumann, & Soto, 2008). Não é o propósito deste capítulo explicar como funciona a análise fatorial e a TRI, mas vale a pena mencionar que são modelos similares, com a mesma finalidade e com parâmetros facilmente equivalentes mediante fórmulas específicas disponíveis na literatura (Kamata & Bauer, 2008; Takane & Leeuw, 1987).

Os MVL apresentam como uma das principais vantagens uma grande flexibilidade. A Figura 2.2 ilustra algumas variações que servem para testar hipóteses mais avançadas. No exemplo A, temos a situação em que há duas variáveis latentes (X_1 e X_2) explicando os dados. Não há, porém, a restrição de que sejam apenas dois ou que sejam apenas quatro indicadores; no caso dos Cinco Grandes Fatores, são cinco variáveis X explicando, em geral, diversos itens. No exemplo B, o modelo bifator, cada item é explicado por duas influências latentes: um fator geral (X_1) e um fator específico (X_2 ou X_3). Esse modelo é bastante comum na área da inteligência, tendo, ainda, aplicações em vários outros domínios (Reise, Morizot, & Hays, 2007). No modelo C, o Multiple Indicator Multiple Cause (MIMIC) (Muthén, 1989), testa-se a hipótese de que uma variável externa explica tanto o nível dos indivíduos no fator quanto uma parte da variabilidade em suas respostas aos itens. É um modelo muito importante quando há uma dependência entre o fator e os erros, o que indica que o fator é uma variável endógena (Antonakis et al., 2010).

Outras vantagens dos MVL é que eles são amplamente disponíveis em programas estatísticos. Podem ser facilmente implementados tanto em programas pagos, como o SPSS e o Mplus (Muthén & Muthén, 2014), quanto em alternativas gratuitas, como o R (a exemplo dos pacotes psych (Revelle, 2015) e lavaan (Rosseel, 2012) e o FACTOR (Lorenzo-Seva & Ferrando, 2013). Esses programas auxiliam pesquisadores a testar se um determinado instrumento apresenta uma estrutura fatorial hipotetizada e também a utilizar os escores para predizer outras variáveis em um modelo mais complexo. As aplicações são ilimitadas.

Todavia, como qualquer abordagem da medida psicológica, há limitações. Uma delas se refere à avaliação do ajuste dos modelos. "Ajuste" significa o quanto a explicação teórica testada se aproxima daquilo que os dados reais mostram. Está longe de haver um consenso sobre como avaliar ajuste (Barrett, 2007; Hayduk, Cummings, Boadu, Pazderka-Robinson, & Boulianne, 2007; McIntosh, 2007), e muitos índices de ajuste utilizados podem não detectar problemas muito graves com o modelo testado (Antonakis et al., 2010). Em último caso, obter um bom ajuste não significa que o modelo de fato é o correto, no sentido de captar as verdadeiras forças causais por trás dos dados. Matematicamente falando, há sempre infinitos modelos errados que podem obter um bom ajuste aos dados (Borsboom, 2005). A teoria psicológica, nesse caso, faz-se essencial como guia para a especificação dos modelos.

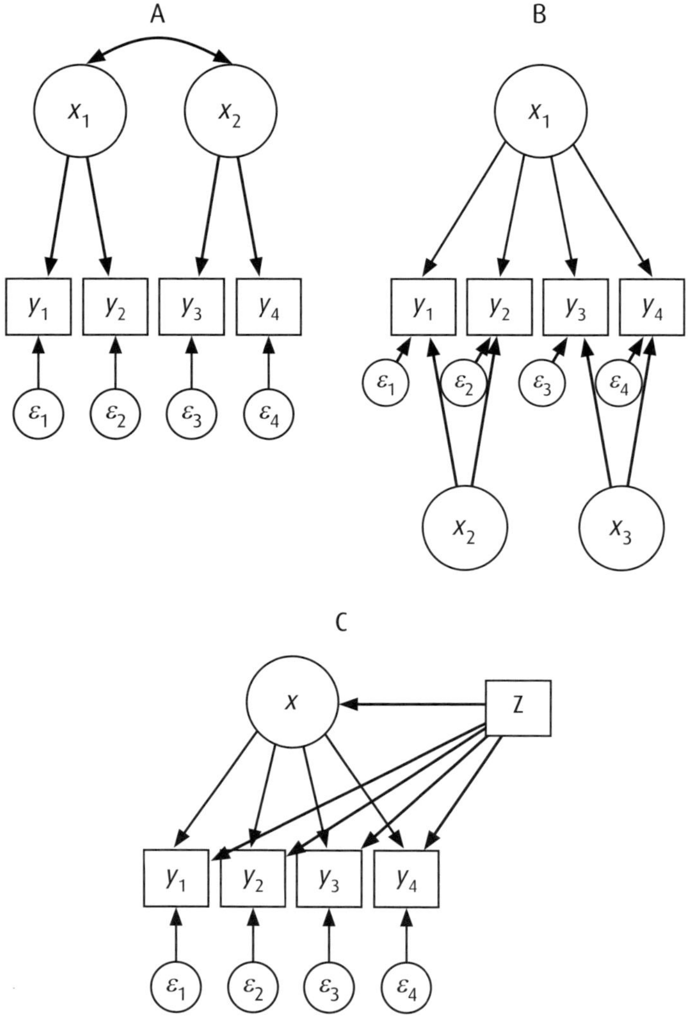

FIGURA 2.2 / Possibilidades avançadas de uso dos MVL.

CONSIDERAÇÕES FINAIS

Este capítulo buscou conduzir o leitor por algumas das principais tentativas de oferecer uma solução ao problema da medida psicológica: a Teoria Clássica dos Testes (TCT), as Escalas de Medida, a Teoria da Medida Conjunta (TMC) e os Modelos de Variáveis Latentes (MVL). Uma avaliação ponderada possibilita perceber que todas as abordagens apresentam pontos fortes e fragilidades. Algumas delas são de fácil aplicabilidade (p. ex., TCT e MVL), outras apresentam maior elegância matemática (p. ex., TMC), e outras, ainda, são amplamente conhecidas e utilizadas (p. ex., Escalas de Medida).

O objetivo não é defender uma ou outra abordagem, mas despertar a curiosidade no leitor para que ele possa buscar mais conhecimento a respeito do assunto e tomar suas próprias decisões ao enfrentar questões atravessadas pela mensuração em psicologia. Como salientado por Borsboom (2005), modelos de medida são ferramentas a partir das quais hipóteses psicológicas podem ser testadas, mas não são eles mesmos testáveis. Não é possível, assim, desenvolver um experimento que possa apontar qual a melhor solução à abordagem da medida. Essa avaliação pode depender mais da análise das implicações filosóficas dos modelos, o que não é um assunto pertinente a este capítulo.

A definição da medida psicológica é um tópico apaixonante e que ainda inspira muitos pesquisadores de diversas áreas do conhecimento. Não se trata de um assunto encerrado, tampouco de uma empreitada impossível. Em última instância, consiste em um tema muito importante, intrinsicamente relacionado ao próprio desenvolvimento e refinamento da teoria psicológica.

QUESTÕES

1. No que consiste a Teoria Clássica dos Testes? Quais os principais conceitos relevantes? Quais os seus pontos fortes e as suas fragilidades?
2. O que (e quais) são as Escalas de Medida? Qual a sua utilidade na psicologia? Quais os pontos fortes e as fragilidades da abordagem?
3. No que consiste a Teoria da Medida Conjunta? Qual é a sua importância como uma abordagem da medida psicológica? Quais são as suas limitações?
4. O que são os Modelos de Variáveis Latentes? Quais são os principais conceitos na área? Quais os pontos fortes e as fragilidades da abordagem?

REFERÊNCIAS

American Educational Research Association (AERA), American Psychological Association (APA), & National Council on Measurement in Education (NCME). (1999). *Standards for educational and psychological testing*. Washington: AERA, APA, NCME.

Antonakis, J., Bendahan, S., Jacquart, P., & Lalive, R. (2010). On making causal claims: A review and recommendations. *The Leadership Quarterly*, *21*(6), 1086-1120.

Barrett, P. (2007). Structural equation modelling: Adjudging model fit. *Personality and Individual Differences, 42*(5), 815-824.

Bollen, K., & Lennox, R. (1991). Conventional wisdom on measurement: A structural equation perspective. *Psychological Bulletin, 110*(2), 305-314.

Bond, T. G., & Fox, C. M. (2007). *Applying the rasch model: Fundamental measurement in the human sciences* (2nd ed.). New York: Routledge.

Borsboom, D. (2005). *Measuring the mind: Conceptual issues in contemporary psychometrics*. Cambridge: Cambridge University.

Borsboom, D. (2008). Latent variable theory. *Measurement: Interdisciplinary Research and Perspective, 6*(1-2), 25-53.

Brogden, H. E. (1977). The rasch model, the law of comparative judgment and additive conjoint measurement. *Psychometrika, 42*(4), 631-634.

Conselho Federal de Psicologia (CFP). (2005). *Resolução nº 010, de 21 de julho de 2005. Código de ética profissional do psicólogo*. Brasília: CFP.

Cronbach, L. J. (1951). Coefficient alpha and the internal structure of tests. *Psychometrika, 16*(3), 297-334.

Díez, J. A. (1997a). A hundred years of numbers. An historical introduction to measurement theory 1887-1990: Part I: The formation period. Two lines of research: Axiomatics and real morphisms, scales and invariance. *Studies in History and Philosophy of Science, 28*(1), 167-185.

Díez, J. A. (1997b). A hundred years of numbers. An historical introduction to measurement theory 1887-1990: Part II: Suppes and the mature theory: Representation and uniqueness. *Studies in History and Philosophy of Science, 28*(2), 237-265.

Edwards, J. R., & Bagozzi, R. P. (2000). On the nature and direction of relationships between constructs and measures. *Psychological Methods, 5*(2), 155-174.

Embretson, S. E., & Reise, S. P. (2000). *Item response theory for psychologists*. Mahwah: Lawrence Earlbaum Associates.

Eysenck, H. J. (1953). *Uses and abuses of psychology*. Baltimore: Penguin Books.

Finkelstein, L., & Leaning, M. S. (1984). A review of the fundamental concepts of measurement. *Measurement, 2*(1), 25-34.

Gleiser, M. (1997). *A dança do universo*. São Paulo: Companhia das Letras.

Golino, H. F., & Gomes, C. M. A. (no prelo). Teoria da medida e o modelo de Rasch. In H. F. Golino, C. M. A. Gomes, A. A. N. Ribeiro, & G. Coelho (Eds.), *Psicometria contemporânea: Compreendendo os modelos Rasch*. São Paulo: Casa do Psicólogo.

Graham, J. M. (2006). Congeneric and (essentially) tau-equivalent estimates of score reliability: What they are and how to use them. *Educational and Psychological Measurement, 66*(6), 930-944.

Guttman, L. (1945). A basis for analyzing test-retest reliability. *Psychometrika, 10*(4), 255-282.

Hayduk, L., Cummings, G., Boadu, K., Pazderka-Robinson, H., & Boulianne, S. (2007). Testing! testing! one, two, three: Testing the theory in structural equation models! *Personality and Individual Differences, 42*(5), 841-850.

John, O., Naumann, L. P., & Soto, C. J. (2008). Paradigm shift to the integrative big-five trait taxonomy: History, measurement, and conceptual issues. In O. John, R. W. Robins, & L. A. Pervin (Eds.), *Handbook of personality: Theory and research* (pp. 114-158). New York: Guilford.

Kamata, A., & Bauer, D. J. (2008). A note on the relation between factor analytic and item response theory models. *Structural Equation Modeling, 15*(1), 136-153.

Karabatsos, G. (2001). The Rasch model, additive conjoint measurement, and new models of probabilistic measurement theory. *Journal of Applied Measurement, 2*(4), 389-423.

Krantz, D. H., Luce, R. D., Suppes, P., & Tversky, A. (1971). *Foundations of measurement* (Vol. 1: Additive and polynomial representations). New York: Academic.

Kyngdon, A. (2008). Conjoint measurement, error and the rasch model: A reply to Michell, and Borsboom and Zand Scholten. *Theory & Psychology, 18*(1), 125-131.

Lord, F. M., & Novick, M. R. (1968). *Statistical theories of mental test scores.* London: Addison-Wesley.

Lorenzo-Seva, U., & Ferrando, P. J. (2013). FACTOR 9.2: A comprehensive program for fitting exploratory and semiconfirmatory factor analysis and IRT models. *Applied Psychological Measurement, 37*(6), 497-498.

Luce, R. D. (1966). Two extensions of conjoint measurement. *Journal of Mathematical Psychology, 3*(2), 348-370.

Luce, R. D., & Tukey, J. W. (1964). Simultaneous conjoint measurement: A new type of fundamental measurement. *Journal of Mathematical Psychology, 1*(1), 1-27.

Lykken, D. T. (1995). *The antisocial personalities.* Hillsdale: Lawrence Earlbaum.

Markus, K. A., & Borsboom, D. (2013). *Frontiers of test validity theory: Measurement, causation, and meaning* (Multivariate Applications Series). New York: Routledge.

Masyn, K. E., Henderson, C. E., & Greenbaum, P. E. (2010). Exploring the latent structures of psychological constructs in social development using the dimensional-categorical spectrum. *Social Development, 19*(3), 470-493.

McIntosh, C. N. (2007). Rethinking fit assessment in structural equation modelling: A commentary and elaboration on Barrett (2007). *Personality and Individual Differences, 42*(5), 859-867.

Michell, J. (1997). Quantitative science and the definition of measurement in psychology. *British Journal of Psychology, 88*(3), 355-383.

Michell, J. (2005). The logic of measurement: A realist overview. *Measurement, 38*(4), 285-294.

Michell, J. (2008a). Conjoint measurement and the rasch paradox: A response to kyngdon. *Theory & Psychology, 18*(1), 119-124.

Michell, J. (2008b). Is psychometrics pathological science? *Measurement: Interdisciplinary Research & Perspective, 6*(1-2), 7-24.

Michell, J. (2012). The constantly recurring argument: Inferring quantity from order. *Theory & Psychology, 22*(3), 255-271.

Miller, M. B. (1995). Coefficient alpha: A basic introduction from the perspectives of classical test theory and structural equation modeling. *Structural Equation Modeling: A Multidisciplinary Journal, 2*(3), 255-273.

Muthén, B. O. (1989). Latent variable modeling in heterogeneous populations. *Psychometrika, 54*(4), 557-585.

Muthén, L. K., & Muthén, B. O. (2014). *Mplus user's guide* (7th ed.). Los Angeles: Muthén & Muthén.

Perline, R., Wright, B. D., & Wainer, H. (1979). The rasch model as additive conjoint measurement. *Applied Psychological Measurement, 3*(2), 237-255.

Popper, K. R. (1959). *The logic of scientific discovery*. London: Routledge.

Rasch, G. (1960). *Probabilistic models for some intelligence and attainement tests*. Copenhagen: Danmarks Paedogogiske Institut.

Reise, S. P., Morizot, J., & Hays, R. D. (2007). The role of the bifactor model in resolving dimensionality issues in health outcomes measures. *Quality of Life Research, 16*(1 Suppl), 19-31.

Revelle, W. (2015). *Procedures for psychological, psychometric, and personality research. Package 'psych' version 1.5.1. CRAN Project.* Recuperado de http://cran.r-project.org/web/packages/psych/psych.pdf

Rosseel, Y. (2012). Lavaan: An r package for structural equation modeling. *Journal of Statistical Software, 48*(2), 1-36. Recuperado de http://www.jstatsoft.org/v48/i02/paper

Sijtsma, K. (2009). On the use, the misuse, and the very limited usefulness of cronbach's alpha. *Psychometrika, 74*(1), 107-120.

Stevens, S. S. (1946). On the theory of scales of measurement. *Science (New York, N. Y.), 103*(2684), 677-680.

Takane, Y., & Leeuw, J. (1987). On the relationship between item response theory and factor analysis of discretized variables. *Psychometrika, 52*(3), 393-408.

Wallace, J. F., & Newman, J. P. (2008). RST and psychopathy: associations between psychopathy and the behavioral activation and inhibition systems. In P. J. Corr (Ed.), *The reinforcement sensitivity theory of personality* (pp. 398-414). New York: Cambridge University.

3

NORMAS

Juliana Cerentini Pacico

Interpretar os escores decorrentes do uso de um teste é tão importante quanto desenvolver ou adaptar instrumentos e aplicá-los de maneira correta. Para interpretar os escores, é necessário que sejam desenvolvidas normas. É por meio delas que será possível atribuir significado aos escores obtidos pelo sujeito. Se uma pessoa tem pontuação de 25 em um teste de raciocínio verbal e 95 em outro de atenção, pouco é possível dizer com apenas essas informações. Para que o profissional possa classificar os escores (elevados, baixos, medianos, etc.), ele precisa de um referencial, que é fornecido pelas normas.

Dessa forma, na testagem de referência normativa, o escore individual do testando adquire significado pela comparação com os escores do grupo. As normas são o referencial utilizado como comparação, ou seja, os dados de desempenho de um grupo em um teste específico que serão utilizados como referência para a interpretação de escores individuais (Anastasi & Urbina, 2000; Cohen, Swerdlick, & Sturman, 2014; Urbina, 2007). O grupo cujo desempenho é utilizado como referencial é chamado de amostra normativa, composta por um grupo de sujeitos que têm desempenho típico com relação à característica estudada, reproduzindo o comportamento da população (Urbina, 2007). Assim, pode-se dizer que a amostra normativa é representativa da população. Ao administrar o teste para a amostra normativa, será possível obter a distribuição de escores. Esses dados serão utilizados para contextualizar os escores individuais no teste; com eles, os dados individuais serão comparados e receberão sentido – esses dados são as normas.

Dessa maneira, as normas fornecem um padrão de comparação para a interpretação dos escores individuais, utilizando como base os escores de uma amostra representativa da população (amostra normativa). Todos os escores individuais, de diferentes sujeitos, serão comparados com o mesmo referencial, com o mesmo padrão. É como se o psicólogo, ao interpretar o escore individual de um sujeito, utilizasse um padrão. Por exemplo, quando perguntamos a alguém se uma maçã é grande ou pequena, mentalmente o sujeito a compara com um padrão, com uma maçã de tamanho comum, típico. De acordo com a comparação com essa maçã de tamanho típico, responderá se aquela outra é grande, média ou pequena. Assim, a maçã de tamanho típico é como os dados da amostra normativa: representa os dados da população. A maçã que está sendo comparada é como os dados individuais: quando comparada à outra maçã, terá seu tamanho contextualizado. As normas oferecem ao psicólogo o padrão, fazendo todos os profissionais contextualizarem os escores individuais utilizando o mesmo referencial. Isso uniformiza a interpretação dos escores, pois evita que cada psicólogo tenha um padrão diferente. Quando perguntamos para as pessoas se uma maçã é grande ou pequena, cada uma delas tem sua própria maçã de referência. Para algumas, a maçã é maior; para outras, menor. Assim, ao comparar com esse padrão, a fruta será classificada de maneira diferente. Se o padrão de uma pessoa é uma fruta de cerca de 150 g, então uma maçã com 100 g será considerada pequena. Porém, se o padrão é uma fruta com 50 g, a mesma fruta de 100 g será considerada grande. Assim, para que a interpretação dos escores seja uniforme, o padrão utilizado para comparação também deve ser uniforme, e isso é feito por meio das normas.

No Brasil, existem algumas exigências para que os testes possam receber parecer favorável do Conselho Federal de Psicologia (CFP) e assim ser utilizados para avaliação. Essas exigências estão disponíveis no Satepsi (sistema de avaliação de testes psicológicos criado pelo CFP para divulgar informações sobre os testes psicológicos à comunidade e aos psicólogos) e foram regulamentadas pela normativa nº 002/2003 (Conselho Federal de Psicologia [CFP], 2003).[1] Entre essas exigências, está a disponibilização de normas no manual do teste, descrevendo também como utilizá-las para a interpretação dos escores individuais e as características da amostra normativa.

As normas para interpretação dos escores individuais são produzidas não apenas com a amostra representativa da população com escores típicos (amostra normativa), mas também com o nível de desenvolvimento humano. De acordo com o exposto, é possível que se tenha normas intragrupo (utilizam como referência a amostra normativa) e normas de desenvolvimento (o desenvolvimento humano é utilizado como referência).

As normas intragrupo são aquelas que utilizam a distribuição normativa (escores obtidos por meio da utilização do teste na amostra normativa) como referência. Por essa razão, é muito importante que a amostra normativa seja re-

---

[1] O *site* pode ser acessado em http://satepsi.cfp.org.br/.

presentativa da população para a qual o teste foi construído. Por exemplo, se um teste foi desenvolvido para avaliar engajamento no trabalho em adultos brasileiros, é importante que a amostra normativa seja constituída por sujeitos adultos (com mais de 18 anos) e que trabalham (afinal, o teste mede engajamento no trabalho), e deve ter representantes de cada uma das cinco regiões do Brasil. Existem diferentes técnicas de amostragem, entre elas a estratificada, a estratificada aleatória, a intencional, a de conveniência, entre outras, que auxiliam o pesquisador a coletar dados em uma amostra que represente a população-alvo da escala (Cozby, 2006). Gouveia, Santos e Milfont (2009) oferecem uma discussão ainda mais próxima da avaliação psicológica. O pesquisador deve utilizar a técnica de acordo com os objetivos do teste.

O tamanho da amostra de normatização é outra questão que deve ser considerada pelo pesquisador. Ele deve ser suficiente para garantir a estabilidade do desempenho dos participantes (Guadagnoli & Velicer, 1988) e varia de acordo com o teste e com as características da amostra-alvo. Pode ser composto por centenas (testes para populações clínicas) ou milhares de pessoas (teste de personalidade para a população em geral). As características da população podem sofrer alterações com o passar dos anos, tornando obsoletos os dados obtidos com a amostra normativa. Com base nisso, a Resolução nº 002/2003 do CFP (CFP, 2003) sugere que alguns estudos, como o de validade, de fidedignidade e de normatização do instrumento, sejam refeitos com determinada periodicidade, a fim de manter a adequação do teste ao uso com participantes brasileiros.

Os escores individuais e da amostra normativa em geral serão referenciados em termos de escore percentílico (posto percentílico) ou escore padrão (T ou Z). Quando os escores são expressos em percentis, o escore bruto (escore que resulta da correção do teste, quando se finaliza o levantamento conforme instruções do manual do teste) deve ser transformado em escore percentílico. O escore percentílico indica a posição que o desempenho no teste coloca o sujeito quando comparado ao desempenho da amostra de normatização. Ele indica quantos por cento da amostra normativa se encontra abaixo do testando. Ou seja, se o escore percentílico do participante é de 5%, isso significa que o desempenho dele, quando comparado ao desempenho da amostra normativa, coloca-o em uma posição ocupada por até 5% da amostra. Assim, há até 5% dos sujeitos da amostra normativa com desempenho menor ou igual ao dele e 95% com desempenho superior. Se o escore percentílico do sujeito fosse de 70%, seria possível afirmar que 70% do desempenho da amostra normativa está igual ou abaixo do seu escore, sendo que os 30% restantes estão acima. Assim, o percentil 50% é aquele que divide ao meio a distribuição: 50% dos desempenhos dos sujeitos estão abaixo, e os demais 50%, acima do desempenho do sujeito. O escore bruto associado a esse escore percentílico é a mediana. A mediana divide a distribuição em duas metades. Isto é, 50% dos casos ficam acima e

50% dos casos ficam abaixo desse ponto, definido como mediana. Se a distribuição for normal, a média e a mediana são iguais. O manual do instrumento deve oferecer uma tabela em que se encontrem os escores brutos e seu escore percentílico equivalente. Aqui vai um exemplo: uma pessoa adulta vai responder a Escala de Satisfação de Vida (Hutz, Zanon, & Bardagi, 2014), composta por cinco itens, e ela pode responder entre 1 e 7 para cada item, dependendo de seu grau de concordância. Ela marcou as seguintes respostas para os itens 1 a 5, respectivamente: 7, 5, 6, 7 e 2. Seu escore bruto, portanto, é de 27. A tabela de normas disponibilizada pelos autores está reproduzida na Tabela 3.1

TABELA 3.1
Normas da Escala de Satisfação de Vida para homens e mulheres

Percentil	Escores brutos	Escores T
5	9	32
10	11	35
15	13	38
20	15	41
25	17	43
30	18	45
35	19	46
40	21	49
45	22	50
50	23	52
55	24	53
60	25	54
65	26	56
70	27	57
75	28	58
80	29	60
85	30	61
90	31	62
95	32	64
Média	21,8	
Desvio-padrão	7,3	

Fonte: Tabela publicada originalmente em Hutz (2014, p.46).

É possível verificar que o escore bruto 27 equivale ao percentil 70. Ou seja, 70% do desempenho das pessoas está abaixo da posição ocupada por esse testando. O resultado sugere que essa pessoa está satisfeita com sua vida, pois ocupa posição na metade superior da distribuição, e apenas 30% da amostra normativa está mais satisfeita que ela.

Vamos imaginar que outra pessoa obteve escore bruto de 11. Isso equivale ao posto percentílico de 10. Ou seja, apenas 10% da amostra normativa está menos satisfeita que ela. A maior parte da amostra (90%) está mais satisfeita que ela. Pode-se concluir, portanto, que essa pessoa não está muito satisfeita com sua vida.

O problema em expressar as normas utilizando postos percentílicos é que, quando colocamos os escores brutos sobre uma distribuição normal, eles não apresentam distância uniforme e tendem a agrupar-se em torno de um valor central, como pode ser visualizado na Figura 3.1. Os escores padronizados podem auxiliar com essa questão.

Outra forma de expressar normas é com a utilização dos escores padrão. Os escores padrão são uma maneira de expressar o sentido do escore do sujeito em relação aos escores da amostra normativa, mas evitando o problema da desigualdade das unidades do escore percentílico. Quando se utilizam os escores padrão, os escores brutos passam por uma transformação linear. Ou seja, os escores brutos são transformados em escalas que expressam a posição em relação a uma média "x" em termos de desvio-padrão. Assim, o escore padrão do sujeito é a posição que o escore bruto ocupa em relação a uma média "x", medida em unidades de desvio-padrão. Um exemplo pode auxiliar, mas antes é necessário entender o que é o escore padrão (ou escore Z).

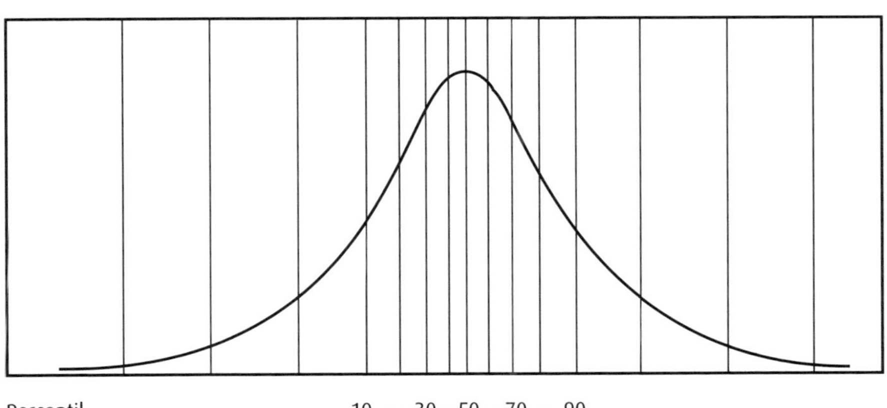

FIGURA 3.1 / Distribuição normal e escores percentílicos.

O escore Z expressa a posição do escore bruto de um indivíduo em relação à média da amostra normativa em termos de desvio-padrão. A média e o desvio-padrão do escore Z são respectivamente 0 e 1. Assim, calculá-lo é bastante simples; pode-se fazer isso utilizando a seguinte fórmula:

Z = (escore bruto – média da amostra normativa) / desvio-padrão da amostra normativa

Exemplo: a média dos escores brutos da Escala de Satisfação de Vida é 21,8. O desvio-padrão dessa escala é 7,3 (ver Tab. 3.1). Portanto, utilizando os escores do sujeito em satisfação de vida e os dados da Tabela 3.1, se o escore bruto do sujeito for 27, seu escore padrão Z será:

$$Z = (27 - 21{,}8) / 7{,}3$$
$$Z = 0{,}71$$

O escore padrão Z tem distribuição bilateral e simétrica. Os sinais (+ e –) são utilizados para indicar em que sentido na distribuição o escore bruto se desviou em relação à média. O valor do escore padrão representa o quanto o escore desviou-se da média em unidades de desvio-padrão. Nesse caso, (+) 0,71 foi o desvio-padrão em relação à média da amostra normativa.

Outro exemplo: o escore bruto do sujeito é 11. Logo, o escore padrão será:

$$Z = (11-21{,}8) / 7{,}3$$
$$Z = -1{,}48$$

O sujeito está 1,48 desvio-padrão abaixo da média da amostra normativa (por isso, o escore padrão aparece com sinal negativo). Isso significa que o indivíduo está 1,48 desvio-padrão abaixo da média (21,8). O escore Z, em geral, é o primeiro a ser calculado quando o pesquisador faz transformações de escores, por isso é considerado o escore padrão mais básico. Entretanto, como pode ser verificado nos exemplos, o escore Z pode apresentar sinal negativo (já que sua distribuição varia do menos infinito ao mais infinito). Essa dificuldade pode ser contornada com a utilização de transformações do escore padrão. As transformações podem ser lineares ou não lineares. No entanto, abordar todas foge ao objetivo deste capítulo; assim, será apresentada aqui a transformação linear em escore T, que é a mais utilizada nos manuais dos testes psicológicos.

Essas transformações adicionais do escore Z têm como objetivo expressar o escore de maneira mais conveniente ao pesquisador, evitando números negativos. Entre as transformações possíveis, o escore T é um dos mais utilizados em psicologia. A Tabela 3.1 apresenta uma coluna informando o valor dos escores T para os respectivos valores dos escores brutos. A transformação consiste em multiplicar o valor do escore padrão por um número e adicionar o resultado a uma constante. A fórmula é a seguinte:

$$T = 50 + 10Z$$

A média do escore T é 50, e o desvio-padrão é 10. Ao efetuar o cálculo do escore T para os exemplos anteriores, é possível perceber que os valores negativos e decimais desaparecem. Para o escore bruto 27, o escore T será de:

$$T = 50 + (10).(0{,}71)$$
$$T = 57$$

(Seria 57,1, mas é possível arredondar e omitir casas decimais, pois elas não fazem realmente diferença na avaliação.)

Para o escore bruto 11, o valor do escore T é de:

$$T = 50 + (10).(-1{,}48)$$
$$T = 35$$

A mesma lógica utilizada para calcular escores T pode ser usada para calcular escores padronizados com outras médias e desvios-padrão, como, por exemplo, o célebre quociente de inteligência – QI (Simon & Binet, 1904). Para esse quociente, a média é 100, e o desvio-padrão é de 16, sendo calculado da seguinte forma:

$$QI = 100 + 16Z$$

Enfim, a partir dos escores brutos é possível calcular escores Z. E, a partir desses escores Z, o pesquisador ou desenvolvedor do teste pode montar uma tabela de escores padronizados com a média e o desvio-padrão que desejar. Se a média desejada for 500, e o desvio-padrão 100, simplesmente usa-se a fórmula 500 + 100Z, ou seja, a soma da média desejada com o produto de Z e do desvio-padrão desejado.

Até aqui, vimos um sistema de normas que utiliza como referência um grupo, ou seja, uma amostra normativa. Outra fonte de normas é o próprio desenvolvimento humano, como veremos a seguir.

NORMAS DE DESENVOLVIMENTO

O desenvolvimento humano progressivo ao longo da vida e a consequente maturação psíquica, motora e de outros sistemas é o que fundamenta as normas de desenvolvimento. A comparação do desempenho do testando em uma escala com o desempenho de um grupo de sujeitos de mesma idade, série escolar ou nível de desenvolvimento dará informações acerca de o quanto eles estão próximos ou distantes.

NORMAS DE IDADE

As normas por idade mental foram introduzidas por Simon e Binet (1904). Os autores, ao avaliar inteligência utilizando um teste composto por questões ou tarefas, utilizaram amostras com sujeitos de diferentes idades, desde crianças até adultos. Na amostra de normatização, as questões que em média eram respondidas corretamente pelos sujeitos em cada idade forneciam dados sobre o nível ou a idade mental dessa idade. Assim, o desempenho médio de sujeitos de 5 anos, por exemplo, estabelecia a norma para a idade mental dessa idade, com a qual o desempenho de outras crianças seria comparado. Se o testando de 5 anos respondia corretamente todas as questões que se esperava que crianças de sua idade respondessem corretamente, seria possível dizer que ele teria idade mental de 5 anos.

Mais tarde, no teste de Simon e Binet (1904), surgiu o QI. Ele resultava do quociente entre a idade mental do sujeito (obtida por meio do teste) e sua idade cronológica. Esse resultado era multiplicado por 100, evitando-se decimais. Assim, a criança de 5 anos que obtinha idade mental de 5 anos teria QI de 100. Isso significa que ela funcionava como a média das crianças de sua idade. Sujeitos que tivessem idade mental superior a sua idade cronológica teriam QI superior a 100, e aqueles que obtivessem idade mental inferior à cronológica teriam QI menor que 100. Contudo, o ritmo do desenvolvimento não é o mesmo ao longo da infância, da adolescência e da vida adulta. Isso traz alguns problemas à utilização desse tipo medida, o que deve ser considerado para que o teste seja interpretado de maneira correta.

NORMAS DE SÉRIE ESCOLAR

A semelhança entre os currículos escolares e a progressão contínua por meio deles fornece a base para a normatização dos escores. Os testes de desempenho acadêmico são aplicados em cada série escolar. O escore bruto médio dos alunos de uma série será o escore típico da série. Assim, se um aluno obtém num teste uma pontuação equivalente ao 9º ano do ensino fundamental, significa que ele apresentou habilidades típicas de crianças que estão no 9º ano. Ou seja, sua pontuação foi semelhante à pontuação típica de crianças que estão no 9º ano. A utilização desse método para interpretação dos escores deve considerar que há variações passíveis de influenciar a comparação dos testandos com a amostra de normatização. Eles podem diferir, por exemplo, nos currículos, na qualidade do ensino, na familiaridade com o teste. Questões como essas devem ser consideradas para que a interpretação dos resultados seja feita corretamente.

NORMAS DE ESTÁGIO DE DESENVOLVIMENTO

As normas também podem utilizar como referência o estágio de desenvolvimento psicomotor em que a criança ou o adolescente se encontra. Piaget (1952) e sua equipe sugeriram fases para o desenvolvimento cognitivo: sensório-motor, pré-operacional, operacional concreto e operacional formal. Alguns testes foram construídos com a utilização dessas fases do desenvolvimento cognitivo como critério para a interpretação dos resultados.

QUESTÕES

1. Qual é o objetivo de normatizar um teste?
2. Como se pode normatizar um teste?
3. Qual a semelhança entre as normas intragrupo e as desenvolvimentais?
4. Quais são as dificuldades encontradas ao se utilizarem normas desenvolvimentais?
5. Quais são as vantagens em se utilizar os escores padrão?

Um problema prático: foi aplicada uma prova em duas escolas, mas, na escola A, a média dos alunos foi 50, e o desvio-padrão, 10. Já na escola B, a média foi 40, mas o desvio-padrão também foi 10. Um aluno da escola A recebeu nota 45. Na escola B, outro aluno obteve um escore de 35. Ajude os avaliadores a decidir qual dos dois alunos se saiu melhor na prova (dica: calcular o escore Z de ambos pode resolver o problema).

REFERÊNCIAS

Anastasi, A., & Urbina, S. (2000). *Testagem psicológica.* Porto Alegre: Artmed.

Cohen, R. J., Swerdlick, M. E., & Sturman, E. D. (2014). *Testagem e avaliação psicológica: Introdução a testes e medidas* (8. ed.). Porto Alegre: AMGH.

Conselho Federal de Psicologia (CFP). (2003). *Resolução nº 002, de 24 de março de 2003. Define e regulamenta o uso, a elaboração e a comercialização de testes psicológicos e revoga a Resolução CFP n. 025/2001*. Recuperado de http:// site.cfp.org.br/resolucoes/ resolucao-n-2-2003

Cozby, P. C. (2006). *Métodos de pesquisa em ciências do comportamento.* São Paulo: Atlas.

Gouveia, V. V., Santos, W. S., & Milfont, T. L. (2009). O uso da estatística na avaliação psicológica: comentários e considerações práticas. In C. S. Hutz (Org.), *Avanços e polêmicas em avaliação psicológica* (pp. 127-156). São Paulo: Casa do Psicólogo.

Guadagnoli, E., & Velicer, W. F. (1988). Relation to sample size to the stability of component patterns. *Psychological Bulletin, 103*(2), 265-275.

Hutz, C. S. (Org.) (2014). *Avaliação em psicologia positiva.* Porto Alegre: Artmed.

Hutz, C. S., Zanon, C., & Bardagi, M. P. (2014). Satisfação de vida. In C. S. Hutz (Org.), *Avaliação em psicologia positiva* (pp. 43-47). Porto Alegre: Artmed.

Piaget, J. (1952). *The origins of intelligence in children.* New York: International Universities.

Simon, T., & Binet, A. (1904). Méthodes nouvelles pour le diagnostic du niveau intellectuel des anormaux. *L'Année Psycholgique, 11*(11), 191-244.

Urbina, S. (2007). *Fundamentos da testagem psicológica.* Porto Alegre: Artmed.

4

COMO É FEITO UM TESTE? PRODUÇÃO DE ITENS

Juliana Cerentini Pacico

DOIS CAMINHOS: CONSTRUÇÃO E ADAPTAÇÃO DE INSTRUMENTOS DE AVALIAÇÃO PSICOLÓGICA

A avaliação psicológica é a atividade constituída pela busca sistemática de conhecimento a respeito do funcionamento psicológico das pessoas. Ao avaliar, o psicólogo mede variáveis, compara padrões, testa hipóteses, etc. Em geral, a avaliação é realizada com o objetivo de orientar ações e decisões futuras (Primi, 2010). Nesse contexto, os testes auxiliam o psicólogo, servindo como uma ferramenta acessória ao processo de avaliação (Noronha, et al., 2002).

Os instrumentos de avaliação psicológica são ferramentas que representam avanço científico na área de avaliação psicológica (Noronha, et al., 2002). Eles permitem maior objetividade na testagem, já que utilizam técnicas para operacionalização daquilo que será medido. Com eles, o psicólogo pode, por exemplo, medir personalidade, inteligência e atenção. Os escores obtidos pelo sujeito auxiliam o profissional a identificar se existe a necessidade de alguma intervenção ou tratamento.

Entretanto, os testes não servem apenas para avaliar o sujeito. Existem outras aplicações, que podem envolver a eficácia de um programa de intervenções, por exemplo. Se os testes forem aplicados em situações pré e pós-intervenção, possibilitam inferir o quanto essa variável alterou-se no período e se é possível atribuir ou não à intervenção uma parcela dessa alteração. Existem outras aplicações práticas para os testes, conforme relatado em Hutz, Zanon e Neto (2013). Nesse caso, utilizando escores de diferentes grupos de trabalhadores do mesmo local, mas que exerciam funções diferentes, foi possível demonstrar a existência de uma relação entre as condições do ambiente de trabalho e o adoecimento mental.

Assim, o teste é um elemento qualificador para a prática da avaliação psicológica. Contudo, para que a mensuração de determinada variável seja confiável, é necessário, entre outras condições (como qualificação técnica do profissional para utilização do teste, respeito aos preceitos éticos da profissão, uso adequado do teste), que o instrumento meça de forma consistente aquilo que foi projetado para medir. Ou seja, o instrumento deve ser válido e fidedigno. Para que isso ocorra, os cuidados se iniciam na construção ou adaptação do teste.

A necessidade de instrumentos para avaliar determinados construtos psicológicos leva o pesquisador a construir instrumentos ou a adaptá-los a partir de outros preexistentes. Qualquer que seja a decisão tomada, apresentará vantagens e desvantagens. É necessário avaliar qual dos procedimentos é o mais adequado a seguir quando se precisa desenvolver um instrumento.

VANTAGENS E DESVANTAGENS DA CONSTRUÇÃO E ADAPTAÇÃO DE TESTES

Antes de construir ou adaptar um instrumento, é preciso avaliar qual a necessidade de se realizar o procedimento. Especialmente no caso da construção, o pesquisador deve considerar se existe instrumento disponível e adequado às suas necessidades. Quando conclui que precisa construir uma escala, deve estar atento às vantagens e às limitações do processo. Entre as vantagens, é possível considerar que a construção permite que se aborde as particularidades culturais de maneira específica. A expressão do traço latente pode ser diferente, dependendo da cultura em que é estudado. Assim, os itens construídos para representar o traço latente serão um reflexo do conteúdo que compõe sua expressão na cultura considerada. Um exemplo é a Bateria Fatorial de Personalidade (BFP) (Nunes, Hutz, & Nunes, 2009), que avalia a personalidade segundo a Teoria dos Cinco Grandes Fatores. Embora seja composta, como os demais instrumentos (p. ex., NEO-PI-R, *Revised NEO Personality Inventory*), por cinco dimensões, as facetas que compõem cada dimensão variam. Apesar de todo o conteúdo referente à expressão da personalidade ser abordado pelos dois instrumentos, cada um o faz de acordo com as especificidades da cultura para a qual foram construídos.

Assim, a construção de um teste deve resultar em um instrumento que considere as peculiaridades e as especificidades da população para a qual está sendo construído. O instrumento deverá apresentar linguagem inteligível à população, considerando, por exemplo, a faixa etária e o nível cultural. As referências à cultura, quando presentes nos itens, deverão representar a cultura da amostra-alvo. Por exemplo, em testes construídos para a população norte-americana, é comum encontrar referências ao *Halloween*, especialmente quando os testes são voltados às crianças (brinco de travessura ou gostosura no *Halloween*). Se o mesmo teste fosse construído para a população brasileira, certamente a referência ao *Halloween* não seria tão adequada, pois mesmo que essa festa seja celebrada por alguns grupos, ela não é tipicamente brasileira. Seria mais apropriado, nesse caso, referir-se a festas juninas, por exemplo, que são comemorações tradicionais celebradas em praticamente todo o território nacional.

Entre as desvantagens da construção de instrumentos, é possível citar a complexidade do procedimento. Várias etapas precisam ser seguidas para que se obtenha êxito na construção. A primeira delas é um exaustivo exame da literatura a fim de levantar dados acerca do conteúdo que expressa o traço latente. Outros passos serão seguidos, como elaboração dos itens, avaliação destes por juízes, realização de grupos focais, etc. Esse procedimento será apresentado mais adiante.

Uma segunda desvantagem a ser considerada é a dificuldade em produzir comparações transculturais. Embora instrumentos diferentes avaliem o mesmo construto, como é o caso da BFP (Nunes et al., 2009) e do Neo-PI-R (Costa & McCrae, 1992), a comparação dos resultados é mais complexa do que quando se utiliza uma adaptação do instrumento original. A forma de resposta, a estrutura fatorial, entre outras particularidades, exigem maior refinamento para comparação dos resultados.

O procedimento de adaptação, em contrapartida, favorece as comparações entre estudos transculturais. Assim, se existe um instrumento que é amplamente utilizado, funciona bem em diferentes culturas, e o objetivo é produzir comparações transculturais, seria adequado adaptá-lo. Além disso, é um procedimento mais simples e rápido quando comparado à construção, já que não envolve muitas das etapas que compõem aquele procedimento, como a criação de novos itens.

Entretanto, a adaptação de instrumentos também apresenta algumas desvantagens. Uma delas está relacionada aos itens que não fazem sentido quando traduzidos para culturas diferentes (como aqueles que fazem referência a aspectos culturais específicos, como o *Halloween*). Outro problema enfrentado diz respeito às questões relacionadas à validade de conteúdo. A expressão do traço latente pode variar de uma cultura para outra. Algumas vezes, é necessário incluir novos itens para que todo o traço latente esteja representado.

Embora os procedimentos envolvidos na construção e na adaptação sejam complexos, eles são vitais para que bons instrumentos sejam obtidos. Existem publicações que orientam como devem ser feitas a construção e a adaptação de testes, como, por exemplo, Aiken (1996, 1997). Entretanto, é necessário considerar especialmente a Resolução nº 002/2003 do Conselho Federal de Psicologia (CFP, 2003), as *guidelines* da International Test Commission (ITC)[1] e as orientações da American Educational Research Association (AERA), da American Psychological Association (APA) e do National Concil on Measurement in Education (NCME) (1999).

Neste capítulo, serão sugeridos os passos da construção e da adaptação de instrumentos psicométricos adotados nos estudos e pesquisas realizados pelo Laboratório de Mensuração da Universidade Federal do Rio Grande do Sul (UFRGS), sob direção do Prof. Dr. Claudio Simon Hutz. Eles utilizam as *guidelines* da International Test Commission, e observam as orientações e resoluções listadas anteriormente.

CONSTRUÇÃO DE ITENS PARA INSTRUMENTOS OBJETIVOS

Algumas etapas devem ser consideradas para a construção do instrumento. Vários autores propuseram maneiras diferentes de abordar a construção de um teste (Cohen, Swerdlik, & Sturman, 2014; Pasquali, 1999). Entretanto, a maioria deles concorda que os passos vão da conceitualização do teste, revisão da literatura acerca do construto em questão, passando pela criação dos itens, aplicação destes a uma amostra, análise dos itens, até a revisão do teste (Cohen et al., 2014). As três primeiras etapas podem ser chamadas de procedimentos teóricos (Pasquali, 2001). As duas seguintes poderiam enquadrar-se no que esse autor chamou de procedimentos empíricos e procedimentos analíticos. Independentemente da classificação em que sejam colocados os procedimentos para chegar à versão final de um teste, um conjunto de passos deve ser seguido para que se obtenha uma escala com características psicométricas adequadas. O primeiro relaciona-se ao desenvolvimento dos itens, que inclui:

a) revisão da literatura relacionada ao novo teste (teoria em que o novo teste se baseia e testes construídos segundo ela);
b) procedimentos complementares à revisão teórica (entrevistas e consulta a juízes sobre a definição operacional);
c) construção da definição operacional;
d) construção dos itens.

Esses procedimentos estão intimamente ligados à validade do instrumento. Deles resultará um conjunto de itens (versão preliminar do instrumento).

---

[1] Encontradas em http://www.intestcom.org/page/5.

O segundo passo refere-se à coleta de dados: aplicação da versão preliminar a grupos focais, à amostra-piloto e à amostra-alvo (amostra para a qual o teste está sendo construído). A terceira etapa refere-se às análises estatísticas e compreende a análise do teste e a redação de uma versão final. Neste capítulo, serão discutidas questões relacionadas ao desenvolvimento dos itens utilizando como exemplo a construção de um instrumento para avaliação da personalidade.

Antes que se comece a pesquisa envolvida na construção do teste, é necessário refletir acerca de algumas questões (Aiken, 1996, 1997; Cohen et al., 2014). Há 10 perguntas que devem ser respondidas criteriosamente para avaliar se vale a pena investir no desenvolvimento de um novo instrumento. São elas:

1. É necessária a construção do teste?
2. Há outros testes que medem a mesma variável?
3. Quais as vantagens apresentadas por esse novo teste?
4. O que esse teste visa medir?
5. Qual o seu objetivo?
6. Quem o utilizará?
7. Que qualificações são exigidas da pessoa que vai aplicá-lo?
8. Quem vai respondê-lo?
9. Como ele será administrado?
10. Como serão levantados os escores e atribuído sentido a eles?

A construção de um novo teste requer amplo levantamento do referencial teórico sobre o qual se vai construir o instrumento. O primeiro passo se refere a qual referencial será utilizado. Pode-se optar pelas teorias de traço, funcionais, psicodinâmicas, etc. Além disso, o pesquisador deve levar em consideração qual aspecto do construto deseja investigar, se quer avaliar a personalidade como um todo, se deseja avaliar aspectos indicadores de transtornos ou ambos. A revisão da literatura deve incluir livros, artigos e outros instrumentos construídos para avaliar o mesmo construto. Os itens dessas escalas poderão servir como fonte de inspiração para a criação dos novos, e o instrumento poderá ser utilizado durante a coleta para fins de validade convergente daquele que está sendo desenvolvido.

Com base na revisão e nos instrumentos já construídos, o pesquisador deve operacionalizar a variável que deseja medir, o que significa traduzir o traço latente em comportamentos (Pasquali, 1999). Esses comportamentos serão investigados por meio dos itens que farão parte do teste proposto. O traço latente pode ser considerado como a característica que será investigada; entretanto, só é possível acessá-la mediante suas manifestações. Se uma característica jamais se expressa, não há como investigá-la. Contudo, não se pode dizer que está ausente, apenas que nunca se manifestou. Assim, para que seja possível investigar o traço latente, precisa-se antes elaborar uma definição operacional do que é o traço latente, ou seja, uma definição em termos comportamentais de como ele se manifesta. A definição operacional deve refletir o traço latente como um espelho. É muito importante que o pesquisador assegure-se de que a definição operacional reflita o traço latente com a máxima semelhança possível, pois disso depende, em parte, a validade de construto do instrumento. Além disso, deve assegurar-se de que toda a extensão do traço latente para o qual se deseja construir o instrumento está sendo representada nessa definição, pois disso depende, em parte, a validade de conteúdo da escala. É com base na definição operacional que serão construídos os itens do instrumento.

Considerando que a definição operacional, em geral, é baseada na revisão da teoria e dos instrumentos já existentes, é possível que alguns aspectos do traço latente não tenham sido testados ou abordados pela teoria. Assim, pode-se recorrer a procedimentos adicionais, que poderão auxiliar o pesquisador a desenvolver um instrumento robusto. Entrevistas com sujeitos que representam a amostra-alvo (aquela para a qual o pesquisador está construindo a escala) podem auxiliar o pesquisador a incrementar a definição operacional e a construir um instrumento que inclua as peculiaridades culturais dos testandos. Os indivíduos podem ser selecionados e questionados a respeito daquilo que está sendo mensurado. Pode-se fazer isso até que não surjam mais dados novos, ou seja, até que se tenha atingido a saturação (Glasser & Strauss, 1967, 2009). Dessa forma, é possível ter maior segurança de que todos os aspectos do construto estão sendo investigados. Se o pesquisador entender que o construto ainda exige exame mais detalhado, pode consultar pesquisadores da área, clínicos, professores (para testes da área escolar), psicólogos organizacionais (para testes que forem para empresas), médicos, enfermeiros (para testes clínicos), por exemplo. Pode-se discutir com eles a definição operacional da variável, e eles poderão auxiliar na criação de novos itens (Cohen et al., 2014). Alguns autores, como Staats (1989), utilizaram um procedimento semelhante, o que resultou em um instrumento com características psicométricas adequadas. Os itens serão construídos tendo como referência a definição operacional do construto. É por essa razão que é tão importante que ela represente o construto em toda a sua extensão.

Se o pesquisador tem como objetivo desenvolver um instrumento que avalie a personalidade segundo a teoria dos traços, tendo como base o Modelo dos Cinco Grandes Fatores, ele pode decidir, por exemplo, testar apenas abertura à experiência, que é um dos cinco fatores. Realizando uma breve revisão da literatura existente, o pesquisador logo perceberá que a teoria indica que essa dimensão é composta por facetas. O número de facetas varia conforme o autor consultado. Também concluirá que vários instrumentos diferentes foram construídos para mensurar esse construto. Os mais populares são o NEO-PI-R (Costa & McCrae, 1992) e a Bateria Fatorial de Personalidade (Nunes et al., 2009). Ambos os manuais desses instrumentos fornecem definições operacionais da dimensão. Se o pesquisador deseja investigar a adequação dela, pode realizar o procedimento adicional de entrevistas com membros da amostra-alvo. Quando perceber que nenhuma categoria nova de comportamentos surgiu (atingindo a saturação), encerra o procedimento e dá início ao desenvolvimento de sua definição operacional. Se entender que ainda são necessários ajustes, pode consultar juízes na área (especialistas em personalidade, outros pesquisadores, psicólogos clínicos) para discutir com eles e melhorar sua definição operacional, a fim de aproximá-la ao máximo do traço latente. Com base nela, desenvolverá os itens de sua escala, utilizando os demais instrumentos como fontes de inspiração para novos itens.

Há alguns critérios que devem ser considerados para que os itens sejam construídos de maneira adequada. Alguns autores sugerem um conjunto de critérios que devem ser seguidos para a construção dos itens e fazem recomendações que contribuem para sua elaboração (Aiken, 1996; Cohen et al., 2014; Pasquali, 2001; Urbina, 2007). De maneira geral, o pesquisador deve estar atento para que o item:

a) Contenha apenas uma pergunta por vez: "finalizo minhas tarefas". Esse item poderia testar Realização (uma das cinco dimensões da personalidade no Modelo dos Cinco Grandes Fatores). Ele contém apenas uma pergunta e dá a chance de o testando responder ao item de forma adequada. Entretanto, se o item fosse "finalizo minhas tarefas no prazo e inicio outras sem dificuldade", o respondente poderia ter dificuldades de responder, pois para ele pode ser fácil iniciar, mas não terminar tarefas, ou vice-versa. Então, o item poderia não ser respondido de maneira correta. Se o item fosse "finalizo minhas tarefas no prazo", ainda assim conteria duas questões. O participante poderia finalizá-las, mas fora do prazo. Nesse caso, o correto seria ter dois itens, como: "finalizo minhas tarefas" e "cumpro os prazos que me são dados". Itens que contêm mais de uma questão dificultam a utilização da chave de respostas, já que existe apenas uma por item, possibilitando ao testando responder apenas uma pergunta por vez.
b) Seja claro: quando o pesquisador decide qual será a população-alvo do instrumento, deve construir o item de forma que todos possam entendê-lo. Isso sugere que a linguagem utilizada deve ser adequada à população escolhida. Mais tarde, utilizará um grupo focal para certificar-se de que o item é compreensível. Alguns autores sugerem que se deve preservar o equilíbrio entre itens positivos ("procuro finalizar minhas tarefas sem atraso") e negativos ("costumo atrasar a entrega de tarefas" ou "não finalizo meus trabalhos dentro do limite em que deveria"). Entretanto, itens negativos algumas vezes prejudicam a compreensão. Um exemplo disso é o item e sua chave de resposta a seguir:

"Não costumo fazer coisas que considero erradas."

1	2	3	4
Concordo totalmente	Concordo	Discordo	Discordo totalmente

A presença da negação e da palavra de conotação negativa no item pode confundir o sujeito no momento de utilizar a chave de respostas. Ficaria mais claro se o item fosse positivo, como, por exemplo: "costumo fazer coisas que considero erradas". É importante evitar confundir o testando, já que a escala tem por objetivo avaliar o mais precisamente possível o construto. Se o testando está confuso, também dará respostas confusas, prejudicando a avaliação.

c) Investigue comportamentos ou atitudes congruentes com a variável testada. O item "gostaria de conseguir iniciar sem dificuldade tarefas que preciso cumprir" não testa, de fato, Realização. O sujeito poderia até desejar isso, mas esse desejo não indica necessariamente altos escores em Realização. Seria mais adequado questioná-lo assim: "inicio sem dificuldades as tarefas que preciso cumprir".
d) Teste uma porção específica da variável e se distinga dos outros itens. Isso evita que o teste tenha vários itens medindo uma mesma porção da variável e outra parcela sem representação no teste. A dimensão abertura à experiência, por exemplo, é composta por facetas como abertura a novas ideias e busca por novidades. Se o teste tem por objetivo avaliar abertura à experiência, ele deve conter itens de cada uma dessas facetas, e eles devem ser distintos. Mesmo que o pesquisador desejasse testar apenas a busca por novidades (uma das facetas dentro da dimensão abertura), os itens teriam de testar partes distintas da variável selecionada. O sujeito poderia, por exemplo, buscar por novos restaurantes, procurar conhecer pessoas diferentes, culturas diferentes, mas recusar-se a ouvir estilos musicais diferentes daqueles que ouve. Assim, há necessidade de itens que testem cada porção da variável.
e) Pergunte de maneira diferente aquilo que será testado. Se todos os itens são no formato "gosto de", e há cerca de 100 itens, a tarefa será fatigante para o respondente, não prenderá sua atenção e aumentará as chances de que ele não responda corretamente.
f) Tenha validade aparente. Além de medir o que se propõe, deve parecer medir isso. Dessa maneira, o participante dará credibilidade ao item. Por essa razão, o teste não deve conter itens que pareçam infantis ou que levem o participante a pensar que não é sério. Por exemplo, pessoas abertas à experiência pensam sobre assuntos que pessoas com escores menos elevados nem sequer considerariam. Elas pensam em maneiras diferentes de viver em sociedade, de criar seus filhos, etc. Elas despendem algum tempo pensando sobre isso. Alguns diriam que elas "viajam". Por mais que essa gíria conseguisse descre-

ver o comportamento da pessoa aberta à experiência, não seria sábio construir um item assim porque poderia fazer o respondente duvidar da eficácia do teste. Esse item não teria validade aparente. Além disso, ele poderia não ser inteiramente entendido pela amostra-alvo (se quero que o teste seja destinado a todos os brasileiros, não posso garantir que essa gíria seja entendida ou tenha o mesmo sentido em todas as regiões do país).

g) Cubra toda a magnitude da variável testada. Assim, para abertura, por exemplo, se o teste tiver itens referentes a busca por novidades apenas do tipo "saltaria de *bungee jump*", "escalaria uma montanha", "mudaria de país", talvez não fosse possível detectar pessoas com altos escores de abertura, pois muitas delas responderiam "não" ou "zero" dependendo do tipo de escala utilizada para expressar a resposta. Assim, é necessário que se tenha itens que possam ser respondidos positivamente por pessoas com altos, médios e baixos escores. "Experimentaria um tipo diferente de comida" é um item que pessoas com altos escores de abertura poderiam responder positivamente, o que possibilita detectá-las com esse teste.

Outros cuidados, ainda, devem ser tomados com a linguagem utilizada. Palavras como "sempre", "nunca", "extremamente", "de maneira nenhuma", "muitíssimo", etc., podem provocar respostas distorcidas. O uso desses termos deve ser feito com cuidado, de modo a não prejudicar a resposta do sujeito, deixando a gradação de resposta para ser expressa por meio da escala de resposta utilizada.

Outra preocupação do pesquisador refere-se à quantidade de itens que deve ser construída. Deve-se considerar que alguns itens serão descartados pelos juízes, outros não serão compreendidos pelos grupos focais, ou as análises indicarão que não são adequados. Pasquali (2001) sugere que o instrumento preliminar seja composto do triplo de itens que se deve ter no instrumento final. Entretanto, a quantidade de itens a ser construída depende da complexidade do construto. Há instrumentos cuja versão final é composta por cinco itens, como é o caso da Escala de Satisfação com a Vida (Zanon, Bardagi, Layous, & Hutz, 2014). Já a Bateria Fatorial de Personalidade é formada por 126 itens (Nunes et al., 2009). Isso ocorre porque há diferenças na complexidade e no conteúdo do traço latente. Para investigar se o sujeito está satisfeito com sua vida, precisamos de poucas questões, ao passo que, para investigar se ele é ou não alto em cada uma das cinco grandes dimensões da personalidade, é necessário bem mais do que algumas poucas questões. É consenso entre os pesquisadores que um fator precisa de pelo menos três itens para se sustentar, mas o número de itens depende da complexidade do construto. Além disso, alguns pesquisadores encontraram resultados que sugerem que instrumentos reduzidos têm desempenho pior em relação ao teste completo (Carvalho, Nunes, Primi, &

Nunes, 2012; Natividade & Hutz, 2015). No caso da personalidade, alguns instrumentos reduzidos nem sequer conseguiram recuperar a estrutura de cinco fatores da personalidade quando submetidos a análises. Assim, não há motivos para economizar durante o processo de criação de novos itens. Um estudo demonstrou que, ao criar uma escala de Realização, o pesquisador partiu de um conjunto inicial de 358 itens. Esse conjunto foi reduzido para 127 após passar pela análise dos juízes e dos grupos focais, sendo aplicado a uma amostra-piloto. As análises resultantes da aplicação à amostra-piloto sugeriram a permanência de 106 desses itens, que foram aplicados à amostra-alvo, com 932 pessoas. As análises finais sugeriram uma escala com 103 itens com cargas fatoriais satisfatórias e sem cargas cruzadas (Pacico & Hutz, no prelo). Assim, aconselha-se que seja desenvolvido um conjunto de itens 3 a 5 vezes maior que o necessário à versão final do instrumento.

Logo que o instrumento preliminar estiver pronto, deve-se encaminhá-lo para a apreciação de juízes. Devem ser utilizados pelo menos dois juízes, para que se tenha ao menos duas avaliações para comparação. Em geral, são utilizados três juízes, pois permite desempate. Um número mais elevado que esse pode tornar o procedimento mais difícil, sem melhorar, necessariamente, a qualidade do procedimento. O que faz realmente diferença é a qualificação dos juízes. A definição operacional, instruções sobre como avaliar os itens e um exemplo de avaliação feita devem ser encaminhados juntamente com os itens. Elabora-se uma tabela para cada uma das dimensões do instrumento, em que são apresentados os itens e a classificação que receberão do juiz (ruim, regular e bom), dispostos em colunas. Espera-se percentual elevado de concordância entre os juízes, pois a discordância pode indicar que as instruções para avaliação dos itens não estão claras ou que os juízes não foram bem treinados. O pesquisador pode deixar uma linha para sugestões de alteração abaixo de cada item. Um exemplo é apresentado na Tabela 4.1.

O juiz marcará na coluna sua avaliação, podendo dar ou não sugestões de alteração aos itens que não forem bem classificados. Os itens que receberam classificação "bom" nas avaliações de todos os juízes devem ser selecionados para compor a versão preliminar do instrumento. Essa versão deverá ser avaliada por grupos focais, compostos por 3 a 5 pessoas que representem a amostra-alvo final. Elas avaliarão o quanto os itens são compreensíveis, claros e se têm validade aparente. Pode-se solicitar ao grupo que verbalize o que entendeu do item, o que ele pergunta, a fim de verificar se todos compreendem da mesma forma. Todos os itens que não forem claros devem ser modificados (passando novamente por outro grupo focal após sua modificação) ou eliminados. Em geral, dois ou três grupos focais, com pessoas diferentes, são suficientes para concluir sobre a clareza dos itens.

TABELA 4.1
Avaliação dos Itens por Juízes

Itens	Ruim	Regular	Bom
Item 1			
Sugestão de alteração			
Item 2			
Sugestão de alteração			
Item 3			
Sugestão de alteração			

O processo descrito é bastante rigoroso e costuma reduzir consideravelmente o conjunto de itens, pois somente os melhores são selecionados (Pacico & Hutz, no prelo). Por isso, é importante criar um conjunto grande de itens para que mesmo após a eliminação pelos juízes e pelos grupos focais ainda reste um conjunto suficiente, de modo a somente os melhores permanecerem após as análises.

Os passos seguintes, resumidamente, referem-se à coleta de dados (da amostra-piloto e da amostra-alvo) e a análises estatísticas. A coleta de dados com a amostra-piloto (representativa da amostra-alvo, mas com número menor de participantes) fornecerá dados preliminares da amostra-alvo. Com esses dados, é possível antecipar resultados que serão obtidos com a amostra final. Assim, se houver necessidade de ajustes na escala antes que se proceda à coleta final, é possível fazê-los (exclusão ou acréscimo de itens, alteração no escalonamento, alterações no formato da resposta, etc.). Assim que os ajustes forem executados, quando necessários, é possível coletar dados com a amostra-alvo. O passo final, análises estatísticas, refere-se ao conjunto de análises que será aplicado aos dados com a finalidade de verificar e/ou confirmar a estrutura da escala, conferindo validade ao instrumento. Também é possível saber sobre a qualidade dos itens e o perfil da amostra na variável testada. Esses passos fogem ao objetivo deste capítulo e são abordados em outros capítulos deste livro, especialmente nos Capítulos 5, 6 e 7.

ADAPTAÇÃO DE INSTRUMENTOS OBJETIVOS

A International Test Commission (ITC) é uma comissão que criou diretrizes com o objetivo de orientar o processo de adaptação de instrumentos psicológicos e educacionais em diferentes contextos culturais (Hambleton, Merenda, &

Spielberger, 2005; Van de Vijver & Hambleton, 1996). Os autores destacam que a adaptação precisa considerar o contexto cultural em que o teste será utilizado. Essas diretrizes foram preparadas com a ajuda de algumas organizações, como a European Association of Psychological Assessment, o European Test Publishers Group, a International Association for Cross-Cultural Psychology, a International Association of Applied Psychology, a International Association for the Evaluation of Educational Achievement, a International Language Testing Association e a International Union of Psychological Science. O comitê formado por elas trabalhou por alguns anos e produziu um conjunto de 22 diretrizes divididas em quatro categorias: contexto, desenvolvimento e adaptação do teste, administração e interpretação dos escores. O procedimento sugerido neste capítulo utiliza essas diretrizes como base.[2]

As diretrizes sugeridas pela ITC embasam as orientações criadas pelo Sistema de Avaliação de Testes Psicológicos (Satepsi).[3] Além de orientações aos psicólogos, o Satepsi apresenta a lista com testes que receberam parecer favorável ao uso pelo Conselho Federal de Psicologia, normativas do conselho e informações sobre os testes.

A adaptação do instrumento é composta por alguns passos:

a) tradução dos itens por juízes;
b) compilação das traduções apresentadas pelos juízes em uma versão preliminar do instrumento;
c) comparação da versão preliminar com o instrumento original;
d) entrevistas com sujeitos representantes da amostra final;
e) grupos focais;
f) tradução reversa;
g) compilação da tradução reversa;
h) comparação com a versão original do instrumento;
i) aplicação à amostra-piloto;
j) aplicação à amostra-alvo.

A adaptação do instrumento começa com a tradução da escala por juízes proficientes nos idiomas do instrumento original e do adaptado. Os juízes também devem ser familiarizados com a cultura dos dois idiomas, de modo que possam entender peculiaridades linguísticas associadas a diferentes grupos (Hambleton, 1994; Hambleton et al., 2005). Em geral, solicita-se a dois ou três

---

[2] Essas *guidelines* podem ser consultadas em http://www.intestcom.org/page/5.

[3] Esse sistema pode ser acessado em http://satepsi.cfp.org.br/, onde são divulgadas informações sobre os testes psicológicos à comunidade e aos psicólogos.

juízes que executem esse procedimento. Quando possível, procura-se um juiz que seja pesquisador ou profissional na área relativa à variável abordada pelo instrumento. O conhecimento da área auxilia para que a tradução seja ainda melhor, já que quem trabalha ou pesquisa na área conhece a linguagem peculiar (e por vezes restrita) ao seu campo. Isso evita a produção de traduções literais dos itens. As três versões devem ser comparadas, item a item, pelo pesquisador e juízes para formar uma versão preliminar do instrumento.

A versão preliminar resulta da compilação das traduções fornecidas pelos juízes. O pesquisador deve atentar principalmente para que o significado do item original permaneça o mesmo na versão preliminar. Então, deve comparar item por item de cada uma das traduções e verificar se seu significado é conservado e se existem erros gramaticais (Borsa, Damásio, & Bandeira, 2012). O pesquisador chegará à versão preliminar do instrumento pela concordância entre os juízes, pelo consenso de qual tradução para cada item é a melhor, e poderá discutir os ajustes necessários a cada item. Essa versão será comparada ao instrumento original por um quarto juiz, com qualificações semelhantes aos dos três anteriores, a fim de verificar se os itens traduzidos apresentam o mesmo significado que os originais. Depois de realizadas as alterações solicitadas por esse juiz, quando necessárias, tem-se o instrumento pronto para aplicação junto aos grupos focais.

Entretanto, antes de realizar os grupos focais, é necessário avaliar se toda a expressão do traço latente na população-alvo é abordada pelos itens do instrumento original traduzido. É possível que a expressão dele seja diferente de uma cultura (Gurven, Von Rueden, Massenkoff, Kaplan, & LeroVie, 2013). Um exemplo ocorreu com o construto esperança cognitiva. A tradução foi realizada, e, antes de aplicar a escala aos grupos focais, os pesquisadores entrevistaram sujeitos representantes da amostra-alvo. Verificaram que, enquanto em norte-americanos a expressão do traço latente estava completa por meio dos 16 itens da The Hope Index (Staats, 1989), em brasileiros, houve a necessidade de incluir cinco novos itens para contemplar todo o traço. O instrumento adaptado, Escala de Esperança Cognitiva (Pacico & Bastianello, 2014; Pacico, Zanon, Bastianello, Reppold, & Hutz, 2013), contou com 21 itens. Esse procedimento colaborou para incrementar a validade de conteúdo da escala. Assim, após a tradução, deve-se investigar, por meio de entrevistas com membros da amostra (ou por meio de grupos focais), se toda a extensão do traço latente está representada por itens. Deve-se realizar esse procedimento até que não surjam mais respostas novas (saturação). Os resultados encontrados pelos autores sugerem que apenas a tradução dos itens seguida da tradução reversa não é suficiente para garantir o êxito da adaptação. Após realizar as entrevistas, forma-se uma versão da escala com os itens traduzidos e os novos (decorrentes das entrevistas), quando houver, e essa escala é então levada a grupos focais.

Devem ser realizados grupos focais compostos por 3 a 5 participantes para verificar a adequação dos itens, tal como foi descrito para a criação de um novo instrumento. Em geral, três grupos focais (com pessoas diferentes) são suficientes para verificar se todos os itens são compreensíveis. O procedimento deve ser repetido até que seja possível concluir que os itens estão claros. As alterações sugeridas pelo grupo devem ser consideradas pelo pesquisador, que poderá alterar os itens conforme a necessidade, sem esquecer que se trata de adaptar o item, e não de criar um novo. Esse conjunto de itens será, então, submetido a juízes (diferentes dos primeiros, embora com qualificações semelhantes), para que traduzam o instrumento de volta ao idioma original (tradução reversa). As três versões serão compiladas (do mesmo modo como foram compiladas as versões traduzidas), formando uma versão única. Esta deverá ser comparada ao instrumento original para verificar se os itens mantiveram-se próximos aos originais e se o significado foi preservado. Muitos pesquisadores solicitam ao autor da escala original (além da autorização para adaptar o instrumento) que avalie a tradução reversa. Se a tradução reversa for semelhante à versão original (o sentido dos itens mostrar-se preservado) e os itens adaptados estiverem adequados, pode-se partir para a coleta com a amostra-piloto, cujos dados fornecerão informações preliminares a respeito do instrumento e da possibilidade de fazer ajustes antes de aplicar à amostra-alvo.

Os procedimentos de construção e adaptação estão diretamente relacionados à validade e à fidedignidade. Quando realizados com cuidado, levam a excelentes resultados. Não há concordância total na literatura sobre os procedimentos de construção e adaptação. Entretanto, a prática do Laboratório de Mensuração – UFRGS tem demonstrado que os procedimentos descritos neste capítulo são adequados e eficientes.[4]

QUESTÕES

1. Qual a diferença entre adaptar e desenvolver (construir) um teste?
2. Cite pelo menos cinco questões com as quais um pesquisador deve se preocupar antes de decidir se vai mesmo construir um novo teste.
3. Por que a avaliação por juízes é importante no desenvolvimento de itens?
4. Qual é o papel dos grupos focais?
5. Imagine que você queira um teste para avaliar altruísmo no Brasil, que possa ser respondido inclusive por pessoas de baixa escolaridade. Como você faria? Quais os passos?

[4] Alguns resultados obtidos com seu uso podem ser visualizados em: http://www.ufrgs.br/psico-laboratorio.

REFERÊNCIAS

Aiken, L. R. (1996). *Rating scales and checklists: Evaluating behavior, personality, and attitudes*. New York: Wiley.

Aiken, L. R. (1997). *Questionnaires and inventories: Surveying opinions and assessing personality*. New York: Wiley.

American Educational Research Association (AERA), American Psychological Association (APA), & National Council on Measurement in Education (NCME). (1999). *Standards for educational and psychological testing*. Washington: AERA, APA, NCME.

Borsa, J. C., Damásio, B. F., & Bandeira, D. R. (2012). Adaptação e validação de instrumentos psicológicos entre culturas: Algumas considerações. *Paidéia (Ribeirão Preto), 22*(53), 423-432.

Carvalho, L. F., Nunes, M. F. O., Primi, R., & Nunes, C. H. S. S. (2012). Unfavorable evidence for personality assessment with a 10-item instrument. *Paidéia (Ribeirão Preto), 22*(51), 63-71.

Cohen, R. J., Swerdlick, M. E., & Sturman, E. D. (2014). *Testagem e avaliação psicológica: Introdução a testes e medidas* (8. ed.). Porto Alegre: AMGH.

Conselho Federal de Psicologia (CFP). (2003). *Resolução nº 002, de 24 de março de 2003. Define e regulamenta o uso, a elaboração e a comercialização de testes psicológicos e revoga a Resolução CFP n. 025/2001*. Recuperado de http:// site.cfp.org.br/resolucoes/resolucao-n-2-2003

Costa, P. T., & McCrae, R. R. (1992). *Revised NEO Personality Inventory (NEO-PI-R) and NEO Five Factor Inventory (NEO-FFI) professional manual*. Odessa: Psychological Assessment Resources.

Glaser, B. G., & Strauss, A. L. (1967). *The discovery of grounded theory: Strategies for qualitative research*. New York: Aldine Transaction.

Glaser, B. G., & Strauss, A. L. (2009). *The discovery of grounded theory: Strategies for qualitative research*. New York: Aldine Transaction.

Gurven, M., Von Rueden, C., Massenkoff, M., Kaplan, H., & LeroVie, M. (2013). How universal is the big five? Testing the five-actor model of personality variation among forager--farmers in the Bolivian Amazon. *Journal of Personality and Social Psychology, 104*(2), 354-370.

Hambleton, R. K. (1994). Guidelines for adapting educational and psychological tests: A progress report. *European Journal of Psychological Assessment, 10*(3), 229-244.

Hambleton, R. K., Merenda, P. F., & Spielberger, C. D. (Eds.). (2005). *Adapting educational and psychological tests for cross-cultural assessment*. Hillsdale: Lawrence Erlbaum.

Hutz, C. S., Zanon, C., & Neto, H. B. (2013). Adverse working conditions and mental illness in poultry slaughterhouses in Southern Brazil. *Psicologia: Reflexão e Crítica, 26*(2), 296-304.

Natividade, J. C., & Hutz, C. S. (2015). Escala reduzida de descritores dos cinco grandes fatores de personalidade: Prós e contras. *PSICO, 46*, 81-91.

Noronha, A. P. P., Ziviani, C., Hutz, C. S., Bandeira, D., Custódio, E. M., Alves, I. B., ... Domingues, S. (2002). Em defesa da avaliação psicológica. *Avaliação Psicológica, 1*(2), 173-174.

Nunes, C. H. S. S., Hutz, C. S., & Nunes, M. F. O. (2009). *Bateria Fatorial de Personalidade (BFP: Manual técnico)*. São Paulo: Casa do Psicólogo.

Pacico, J. C., & Bastianello, M. R. (2014). Instrumentos para a avaliação da esperança: Escala de esperança disposicional e escala de esperança cognitiva. In C. S. Hutz (Org.). *Avaliação em psicologia positiva* (pp. 101-110). Porto Alegre: Artmed.

Pacico, J. C., & Hutz, C. S. (no prelo). *Desenvolvimento e evidências de validade da escala fatorial de realização-EFR.*

Pacico, J. C., Zanon, C., Bastianello, M. R., Reppold, C. T., & Hutz, C. S. (2013). Adaptation and validation of the Brazilian version of Hope Index. *International Journal of Testing, 13*(3), 193-200.

Pasquali, L. (1999). *Instrumentos psicológicos: Manual prático de elaboração*. Brasília: LabPAM/IBAP.

Pasquali, L. (Org.) (2001). *Técnicas de exame psicológico (TEP): Manual* (Vol. 1: Fundamentos das técnicas psicológicas). São Paulo: Casa do Psicólogo.

Primi, R. (2010). Avaliação psicológica no Brasil: Fundamentos, situação atual e direções para o futuro. *Psicologia: Teoria e Pesquisa, 26*(n. especial), 25-35.

Staats, S. (1989). Hope: A comparison of two self-report measures for adults. *Journal of Personality Assessment, 53*(2), 366-375.

Urbina, S. (2007). *Fundamentos da testagem psicológica*. Porto Alegre: Artmed.

Van de Vijver, F., & Hambleton, R. K. (1996). Translating tests: Some practical guidelines. *European Psychologist, 1*(2), 89-99.

Zanon, C., Bardagi, M. P., Layous, K., & Hutz, C. S. (2014). Validation of the satisfaction with life scale to Brazilians: Evidences of measurement noninvariance across Brazil and US. *Social Indicators Research, 119*(1), 443-453.

LEITURA SUGERIDA

Hutz, C. S., Nunes, C. H., Silveira, A. D., Serra, J., Anton, M., & Wieczorek, L. S. (1998). O desenvolvimento de marcadores para a avaliação da personalidade no modelo dos cinco grandes fatores. *Psicologia: Reflexão e Crítica, 11*(2), 395-411.

5
VALIDADE

Juliana Cerentini Pacico
Claudio Simon Hutz
Andréia M. de A. Schneider
Denise Ruschel Bandeira

Algumas exigências acerca dos testes devem ser satisfeitas a fim de que eles possam ser considerados adequados para uso. Uma delas se refere ao quanto o teste é legítimo com relação àquilo que mede. Quando se utiliza uma variável como peso, por exemplo, sabemos que uma balança mede essa variável. O instrumento, a balança, é legítimo, pois mede peso. Essa ideia está relacionada ao conceito de validade.

A utilização do conceito de validade acompanha a história do desenvolvimento dos testes. Embora vários autores se refiram ao termo, ele foi usado com diferentes significados. Houve algumas tentativas de uniformizar e formalizar o conceito de validade e procedimentos para validação. Entretanto, algumas não tiveram sucesso. Apenas em 1921, nos Estados Unidos, com o trabalho de um comitê, a National Association of Directors of Educational, foi possível concluir essa tarefa (Newton & Shaw, 2014). A definição clássica de validade foi apresentada no relatório resultante: validade se refere ao grau em que um teste mede aquilo que se propõe a medir (Buckingham, 1921; Markus & Bosboorm, 2013). O que se queria dizer com isso é que um teste era considerado válido quando os itens mediam comportamentos como expressão do traço latente (o construto avaliado pelo teste) que se desejava mensurar (Pasquali, 2007). A partir dessa visão, os itens (idealmente) deveriam refletir o traço latente como se fossem um espelho, no que se refere a conceito, conteúdo e relações com outras variáveis. Em função de a validade e a fidedignidade (que será discutida em outro capítulo deste livro) serem questões centrais tão fundamentais para a avaliação, a American Psychological Association (APA) produziu um relatório tratando em detalhes esse assunto.

Em 1954, a APA, juntamente com a American Educational Research Association (AERA) e o National Council on Measurement in Education (NCME), publicou a primeira versão dos padrões norte-americanos para testes: *Technical*

Recommendations for Psychological Tests and Diagnostic Techniques. Nesse documento, a validade foi classificada em três tipos: Validade de Conteúdo, Validade de Critério (preditiva ou concorrente) e Validade de Construto (Zumbo & Chan, 2014).

Em 1955, Cronbach e Meehl publicaram um artigo dando ênfase à validade de construto. Eles sugeriram, com esse trabalho, que uma forma diferente de abordar o fenômeno de interesse deveria ser utilizada. Enquanto as validades de conteúdo e de critério eram dadas pela proximidade entre o domínio examinado e o domínio que se pretendia examinar, na validade de construto a lógica era outra. Ela estava relacionada ao quanto os construtos hipotéticos poderiam explicar escores de um teste. Assim, para os dois primeiros tipos de validade, partia-se da teoria para o teste: os itens do teste deveriam cobrir um determinado conteúdo (validade de conteúdo) e se relacionar de maneira definida com um critério (validade de critério). Na validade de construto, partia-se de uma hipótese, e os itens poderiam ou não confirmá-la. Assim, o problema não estava em descobrir o construto a partir da representação comportamental (teste), mas sim em verificar se ele era uma representação legítima do construto.

A visão de validade classificada em três categorias foi a base para os *Standards for Educational and Psychological Testing* (AERA, APA, & NCME, 1985). Essas normas influenciaram o desenvolvimento de outras *guidelines* e da legislação sobre testagem, e muitos livros e testes as tomaram como referência. Além disso, elas estimularam a criação de outras categorias de validade, já que diferentes tipos de validade eram considerados adequados a diferentes testes (Markus & Borsboom, 2013). Foi nesse contexto que Campbell e Fiske (1959) introduziram a Validade Convergente e a Validade Discriminante.

Enquanto alguns autores propunham a noção de validade como composta por diferentes categorias, havia, ao mesmo tempo, um movimento que buscava a unificação dessas categorias. Loevinger (1957) e Cronbach (1971) sugeriram unificar as diferentes categorias como subtipos da validade de construto. Essa ideia não teve repercussão muito significativa por algum tempo, mas recebeu destaque a partir da publicação de Messick (1989), que defendeu uma visão unificada de validade, similar àquela apresentada por Cronbach (1971) e diferente da visão anterior que propunha três categorias. Messick posicionou-se a favor de uma definição de validade que envolvesse um julgamento avaliativo integrado do grau em que as evidências empíricas e as bases teóricas apoiam a adequação e o significado das inferências e das ações baseadas nos escores dos testes. Seu entendimento influenciou o campo teórico da avaliação e se refletiu na quarta edição dos *Standards for Educational and Psychological Testing* (AERA, APA, & NCME, 1999), que já está em sua quinta edição (AERA, APA, & NCME, 2014). Segundo seus preceitos, a validade se refere ao grau no qual evidência e teoria dão suporte às interpretações dos resultados de um teste, conforme o uso para o qual é proposto. Ou seja, a validade refere-se às interpretações do teste e deixa de ser uma propriedade do teste em si. Envolve também quem aplica, onde aplica e como aplica o teste. De acordo com esse pensamento, não há uma fonte única de evidência de validade suficiente para dar conta de todos os aspectos que precisam ser considerados para se admitir que a validade foi alcançada. Os diferentes tipos de evidências de validade cobrem aspectos distintos que devem ser considerados. Então, quanto mais estudos sobre evidências de validade de um instrumento, mais segura será a interpretação de seus resultados. Estabelecer a validade de um teste deve ser um trabalho constante, pois envolve acumular evidências relevantes que forneçam base científica segura para a interpretação dos resultados (AERA et al., 2014; Urbina, 2014).

A nova versão dos *Standards* (AERA et al., 2014) estabelece que as fontes de evidência de validade podem ser baseadas: 1) no conteúdo do teste; 2) no processo de resposta; 3) na estrutura interna; 4) nas relações com outras variáveis e 5) nas consequências da testagem. Cada fonte de evidência de validade pode trazer luz a diferentes aspectos da validade, mas não representa tipos distintos de validade, pois se trata de um conceito unitário: é o grau em que toda a evidência acumulada dá suporte à interpretação dos escores de um teste para o uso a que se propõe (AERA et al., 2014).

EVIDÊNCIA BASEADA NO CONTEÚDO DO TESTE

Trata-se de uma evidência de validade que pode ser obtida da análise da relação entre o conteúdo do teste (desde os temas, a forma de escrever até o formato dos itens/tarefas/questões) e o construto que ele pretende medir. Pesquisadores que desenvolvem os testes costumam especificar definições operacionais que abarcam o conteúdo que o teste pretende avaliar. Dessa forma, o construto avaliado pelo instrumento fica evidente e as inferências interpretativas, possíveis.

A evidência baseada no conteúdo do teste pode incluir análise lógica ou empírica quanto à adequação e à relevância do conteúdo do teste para a interpretação proposta dos escores. Também pode ser obtida por especialistas que julgam a relação entre os itens do teste e o construto (AERA et al., 2014).

As técnicas de validação são essenciais para que evidências de validade de conteúdo sejam alcançadas. A preocupação com ela começa antes mesmo que se construam ou adaptem os itens para testar o construto. É preciso que seja feito um exame sistemático do construto a ser avaliado a fim de que, ao determinar o conteúdo que se deseja testar, ele esteja corretamente definido. Tendo em mente essa definição, todos os aspectos que compõem o construto devem estar representados. Vejamos um exemplo: se um pesquisador decidir desenvolver um instrumento para avaliar esperança, ele pesquisará a literatura relacionada ao tema e consultará os pesquisadores e peritos que trabalham na área, buscando definir todos os aspectos do construto. Possivelmente, ele concluirá que esperança é um estado emocional que emerge da interação entre desejo e expectativa. Staats (1989) trabalhou com esse conceito e desenvolveu a escala *The Hope Index* para avaliar o quão esperançoso o sujeito poderia estar no momento da avaliação. Assim, no instrumento, todos os aspectos da esperança devem ser avaliados (desejos e expectativas). O pesquisador deve evitar super-representação de um aspecto ou sub-representação de outro, especialmente quando é difícil desenvolver itens para cobrir um deles. A autora do instrumento original apontou, ainda, para a existência de dois outros aspectos da esperança: esperança autocentrada e esperança altruísta. A autocentrada refere-se a objetivos e desejos relacionados ao próprio sujeito. A esperança altruísta é composta por desejos relacionados a outras pessoas (como amigos, familiares, pessoas em geral) e a circunstâncias globais (paz universal, prosperidade global). Esses aspectos devem ser representados por itens dentro do instrumento. É preciso, então, que se tenha itens para desejos, para expectativas, para esperança autocentrada e para esperança altruísta (incluindo seus dois aspectos: outras pessoas e circunstâncias globais).

Algumas falhas nos procedimentos de construção ou adaptação podem levar a fracas evidências de validade de conteúdo. Um artigo sobre a adaptação de uma escala de esperança, originalmente construída para norte-americanos, alerta para esse risco (Pacico, Zanon, Bastianello, Reppold, & Hutz, 2013). Os autores, ao realizarem o procedimento de adaptação, decidiram certificar-se de que os itens do instrumento adaptado eram representativos do universo de comportamentos por meio do qual o construto esperança se expressava. Ao realizarem entrevistas com sujeitos que fariam parte da amostra final, descobriram que brasileiros, além de desejarem atingir objetivos que já estavam representados na escala, ansiavam por outros, que não estavam no instrumento original. Assim, a esperança, quando testada em norte-americanos e brasileiros, tinha expressão diferente, apontando para a necessidade de incluir mais cinco itens à escala original.

Quando o pesquisador que constrói ou adapta um teste concluir que todos os aspectos do construto que busca avaliar foram considerados, deve certificar-se de que o conjunto de itens que elegeu para compor o teste é efetivamente uma amostra representativa do universo do construto do qual foi retirado e de que representa a expressão do traço latente. Por exemplo, pensando no construto "esperança", é possível avaliar o quanto o sujeito deseja e quais suas expectativas em relação ao item "ter um bom relacionamento amoroso". Esse item representa a esperança autocentrada de um sujeito associada a suas relações pessoais. O item sozinho, porém, não é representativo da esperança autocentrada. Para que esse aspecto do construto seja adequadamente representado, há a necessidade de se usar outros itens, para avaliar diferentes aspectos da vida em que ele pode demonstrar esperança, como trabalho e escola. O sujeito poderia não ter esperança de um bom relacionamento amoroso devido a uma experiência frustrante, o que não significa que não tenha esperança com relação a outras coisas. Por isso, deve-se usar um conjunto de itens que seja representativo dos comportamentos por meio dos quais a esperança pode se manifestar.

Lawshe (1975) desenvolveu um método para avaliar evidências de validade de conteúdo tendo como base a concordância entre avaliadores sobre a importância de um item no teste. De acordo com Cohen, Swerdlik e Sturman (2014), o teste era submetido à avaliação de juízes, os quais deveriam indicar se o item era essencial ao teste; útil, mas não essencial; ou não necessário. Se o item for considerado essencial por mais da metade dos avaliadores, ele tem evidência de validade de conteúdo. Quanto mais o item for indicado como essencial, mais consistente a evidência de validade de conteúdo. Lawshe (1975) descreveu isso por meio da fórmula de razão de validade de conteúdo (RVC):

$$RVC = (n_e - N/2)/ (N/2)$$

n_e = número de avaliadores que indicou o item como essencial
N = número de avaliadores

Entretanto, a concordância entre os juízes poderia se dar ao acaso. Se a chance disso fosse maior que 5%, o item deveria ser eliminado do teste. Para evitar que os valores de concordância entre os juízes fossem obtidos ao acaso, Lawshe (1975) apresentou uma tabela (Tab. 5.1) com valores mínimos de RVC. Se a RVC atingisse esse valor, conforme o número de avaliadores, seria improvável que a concordância entre eles tivesse se dado ao acaso.

Fora do escopo dos Standards (AERA et al., 2014), mas considerada em outras referências (Zumbo & Chan, 2014) dentro das evidências de validade de conteúdo, há a evidência de face ou validade aparente (*face validity*). É importante estar atento a esse tipo de validade, pois pode ter implicações para os resultados das avaliações que fazemos. Refere-se ao julgamento subjetivo das pessoas sobre o teste. Quando um teste é aplicado, o respondente forma uma opinião sobre ele. Pode achar, com base em sua percepção sobre os itens ou sobre as tarefas, que se trata de um teste interessante, que mede algo importante, ou que não mede nada relevante. Essa percepção pode afetar as respostas que o respondente dará ao completar os itens, a sua motivação para responder ao instrumento e, consequentemente, pode prejudicar seu desempenho. Há vários estudos mostrando que é importante determinar a validade de face dos instrumentos e que esse tipo de validade pode interferir com outras fontes de evidências de validade (p. ex., Nevo, 1985; Bornstein, 1996).

TABELA 5.1
Valores mínimos para RCV não serem obtidas ao acaso

Número de juízes	Valor mínimo de RCV
5	0,99
6	0,99
7	0,99
8	0,75
9	0,78
10	0,62
11	0,59
12	0,56
13	0,54
14	0,51
15	0,49
20	0,42
25	0,37
30	0,33
35	0,31
40	0,29

EVIDÊNCIA BASEADA NO PROCESSO DE RESPOSTA

Está relacionada ao processo cognitivo, ou seja, processos mentais subjacentes à produção das respostas que o avaliado usa para responder ao teste (Primi, Muniz & Nunes, 2013). De acordo com esses autores, com base no referencial teórico do construto, elaboram-se modelos explicativos do processamento mental que ocorre ao responder ao teste, então o modelo pode ser testado.

Os Standards (AERA et al., 2014) afirmam que a análise teórica e empírica do processo de resposta pode fornecer evidências sobre o ajuste entre o construto e a natureza da performance ou resposta em que o avaliado se engajou. É uma evidência de validade que geralmente advém da análise de respostas individuais e pode ajudar a responder a questões sobre a diferença em sentido ou interpretação dos escores (AERA et al., 2014). Por exemplo, em testes com objetivo de se avaliar o desenvolvimento cognitivo, pode-se perguntar aos avaliandos os passos que seguiram para chegar a uma resposta (isso se faz após o teste estar respondido). Se o processo de raciocínio usado tem relação com o que a teoria que embasa o teste afirma, então há evidências de validade baseadas no processo de resposta.

EVIDÊNCIA BASEADA NA ESTRUTURA INTERNA

Trata-se do quanto as partes de um teste estão em conformidade com o construto sendo avaliado, a partir das interpretações propostas para os escores (AERA et al., 2014). Conforme Primi e colaboradores (2013), essa evidência de validade é geralmente obtida por meio da análise das estruturas de covariância entre partes do teste (análises fatoriais, modelagem com equações estruturais e análise de consistência interna).

A análise fatorial permite identificar fatores ou variáveis específicas, que são os atributos ou dimensões nos quais os escores variam de um sujeito para o outro. A partir da análise das inter-relações dos dados comportamentais, por exemplo, é possível reduzir as categorias que descrevem o comportamento a um pequeno número de fatores. Ou seja, a análise fatorial pode ser empregada como um método que reduz os dados provenientes de um conjunto de escores a um número menor de fatores, empregando a inter-relação entre os itens para atingir tal objetivo. Assim, um instrumento como a Bateria Fatorial de Personalidade (BFP), que usa 126 itens para descrever o comportamento, ao ser submetido à análise fatorial para mensurar as relações entre eles, gera cinco grandes fatores que explicam os traços que o instrumento se propõe a medir. O fator é formado por um conjunto de itens que apresentam correlação entre si. Os itens desse fator podem apresentar correlações com os outros fatores, mas elas são mais baixas, e isso é suficiente para permitir que fiquem em fatores diferentes. É como se todos os escores em cada item do instrumento fossem como estrelas no céu. Aqueles que estão mais correlacionados apresentam-se como estrelas mais próximas, formando constelações (que poderiam ser comparadas aos fatores). As estrelas de uma constelação podem estar próximas de outras estrelas quaisquer, mas não o suficiente para caracterizar uma constelação (os itens podem estar correlacionados com outros, mas essa correlação não é alta o suficiente para caracterizar um fator). Assim, após os escores dos itens serem submetidos à análise fatorial, é possível identificar os fatores que são responsáveis pela expressão comportamental. Quando os fatores identificados correspondem àqueles descritos pela teoria ou por hipóteses teóricas, pode-se dizer que há evidência de validade de construto.

A análise fatorial pode ser exploratória (AFE) ou confirmatória (AFC). A primeira permite a extração de fatores e foi discutida no parágrafo anterior. A AFC testa o quanto os dados reais se ajustam a um modelo hipotético criado para descrever os dados. O pesquisador constrói um modelo teórico usando a variável em questão e outras que sejam relevantes para explicá-la. A análise apresenta um conjunto de índices de ajuste que informam o quanto o modelo reflete o conjunto de dados observados.

EVIDÊNCIA BASEADA NAS RELAÇÕES COM OUTRAS VARIÁVEIS

De acordo com os Standards (AERA et al., 2014), a interpretação proposta pelo teste implica que o construto esteja relacionado a outras variáveis. Portanto, análises de correlação entre os resultados do teste e variáveis externas são uma importante fonte de evidência de validade. Variáveis externas podem incluir medidas de algum critério que o teste deverá predizer, assim como relações que são hipotetizadas e verificadas por outros testes que avaliam o mesmo construto (ou ainda testes que medem construtos relacionados ou opostos) (AERA et al., 2014). Entre as evidências baseadas nas relações com outras variáveis, a evidência pode ser convergente, discriminante e/ou envolver relações teste-critério em que um estudo preditivo ou concorrente pode ser realizado.

A convergente abarca relações entre escores e outras medidas que pretendem avaliar o mesmo construto ou um construto similar (AERA et al., 2014). Uma prática comum é trabalhar com outros instrumentos destinados a avaliar o mesmo construto, como o teste em que se busca evidências de validade. Nesse caso, antecipam-se correlações altas, uma vez que os testes medem o mesmo construto (Primi et al., 2013). Por exemplo, se um instrumento foi construído para medir esperança e se correlaciona com os escores obtidos em um teste de otimismo, esse resultado fornece evidência de validade convergente. Isso ocorre porque essa correlação é esperada teoricamente e há estudos mostrando que ela efetivamente acontece. Da mesma maneira, é esperada uma correlação negativa de esperança com depressão. Se isso for verificado, também confere evidência de validade convergente ao instrumento.

Entretanto, não basta que o pesquisador saiba que os escores obtidos a partir do instrumento se correlacionam da maneira esperada com os escores de outro teste. É preciso que verifique se os escores não se correlacionam com os escores de testes com os quais não devem se relacionar – casos, portanto, em que se espera correlações próximas a zero (Primi et al., 2013). Por exemplo, não é previsto que esperança se correlacione com velocidade de processamento. Assim, ao verificar que os escores de dois testes diferentes avaliando esses construtos não apresentam correlação, o pesquisador terá encontrado evidência de validade discriminante.

Relações teste-critério são as relações entre o escore de um teste e um critério relevante (AERA et al., 2014). Elas estão relacionadas à questão: quão acurados são os escores de um teste para predizer a performance de um critério? A variável critério é a medida de um atributo ou resultado que é operacionalmente distinto do teste, ou seja, são aspectos externos ao instrumento, como, por exemplo, a escolaridade, o QI e a condição clínica (paciente ou não paciente). Se o teste prediz um dado critério em um dado contexto, isso é uma hipótese testável.

O critério deve preencher alguns requisitos para que possa ser utilizado. Ele deve ser relevante, válido e não contaminado. Por relevância, pode-se entender que o critério deve ter alguma relação com o assunto em questão. Para um teste de inteligência, por exemplo, um critério pertinente poderia ser o desempenho escolar. Além de ser relevante, o critério usado deve ser válido, ou seja, se um teste X está sendo utilizado como critério para o teste Y, deve haver evidência de validade do teste X. Por fim, o critério não deve ser contaminado. Vejamos um exemplo de contaminação de critério: suponha que está sendo desenvolvido um teste de habilidade matemática. Esse teste é composto por questões semelhantes às provas escolares. O critério para esse teste é o desempenho escolar na disciplina de matemática. O critério será contaminado se, na prova de matemática, houver questões que foram também usadas no teste.

Historicamente, há duas formas de relação teste-critério: a preditiva e a concorrente (AERA et al., 2014). A preditiva indica a força da relação entre os escores do teste, obtidos em um momento, e os escores do critério, que são obtidos mais tarde, com um intervalo de tempo. A medida da relação entre as provas de vestibular e as médias das notas dos alunos ingressantes fornece evidência de validade preditiva para as provas de vestibular (Cohen, Swerdlik, & Sturman, 2014). É extremamente importante que se possa obter medidas que predizem resultados. Um teste que possa predizer o desempenho do sujeito seria de interesse para a seleção de pessoas. Na área clínica, testes que têm validade preditiva relacionada ao desenvolvimento de determinados transtornos podem ser usados para tomar medidas preventivas.

Já a evidência concorrente obtém os escores do teste e as informações de critério no presente, ao mesmo tempo. Ela evita mudanças que possam ocorrer ao longo do tempo, sendo útil para testes diagnósticos ou para investigar medidas alternativas de um determinado construto para o qual um procedimento de medida já exista. Um exemplo disso seria a aplicação de dois testes na mesma sessão. Por exemplo, um pesquisador quer desenvolver um teste para avaliar personalidade no Brasil. Uma vez realizados todos os procedimentos para a construção de um novo teste, para a obtenção de evidência de validade concorrente, esse pesquisador poderia aplicar seu teste e um teste já existente e reconhecidamente válido para uso com a população brasileira, como a BFP (Nunes, Hutz, & Nunes, 2010).

O coeficiente de validade é um tipo de evidência estatística empregada para inferir a respeito da evidência de validade de critério, seja ela preditiva ou concorrente. O coeficiente é calculado pela correlação entre a medida e o critério. Frequentemente, a correlação de Pearson é utilizada. Outros coeficientes de correlação podem ser usados dependendo das características dos dados coletados.

Não há um parâmetro estabelecido para o tamanho que o coeficiente de validade deva assumir a fim de que o pesquisador o adote como válido. Entretanto, os pesquisadores (Cronbach & Glesser, 1965; Cohen, Swerdlik, & Sturman, 2014) afirmaram que ele deve ser grande o suficiente para permitir que as decisões corretas sejam tomadas pelo pesquisador no contexto em que o teste foi utilizado. Assim, é possível entender que o coeficiente de validade deve ser grande o suficiente para permitir que se identifique e se diferencie o sujeito com relação à variável critério. Outras evidências estatísticas, como os dados de expectativa, também podem ser usadas para inferir se há ou não validade de critério.

Ainda em relação à evidência de validade preditiva, pesquisadores e profissionais podem estar interessados no uso de múltiplos preditores para prever um critério. Entretanto, o preditor deve acrescentar algumas vantagens ao ser incluído nas análises. Isso se chama validade incremental. Cohen, Swerdlik & Sturman (2014) ressaltaram a importância de que cada preditor usado tenha evidência preditiva com relação ao critério em questão. Os preditores adicionais devem incrementar, isto é, devem explicar algo sobre a medida de critério que os outros preditores não explicam. Por exemplo, sabe-se que inteligência é um importante preditor de desempenho acadêmico. Rand (2009) demonstrou que esperança é um dos mais importantes preditores de desempenho, mesmo quando inteligência é considerada. Assim, esperança pode ser usada como preditor da medida critério, já que pode fornecer informações que inteligência não forneceria. É sempre necessário cuidado quando vai se usar mais de um preditor. Quando se organiza uma avaliação psicológica, deve-se usar os instrumentos necessários, mas não mais do que os instrumentos estritamente necessários. O uso excessivo de testes gera cansaço no testando e pode levá-lo a não responder a todos os itens ou a começar a responder de forma aleatória a partir de certo ponto. Manuais de testes podem indicar se um instrumento é preditor de alguma medida de critério, mas não se agregaria (ou quanto agregaria) caso fosse usado em conjunto com outros instrumentos. Essa resposta está na literatura da área que deve sempre ser consultada.

EVIDÊNCIA BASEADA NAS CONSEQUÊNCIAS DA TESTAGEM

Esse tipo de evidência não informa sobre a validade técnica do instrumento, mas sim sobre as interpretações pretendidas (ou não) dos escores, quando o teste passa a ser usado nos contextos para o qual foi desenvolvido (Primi et al., 2013). Envolve a responsabilidade do profissional que usará o teste, uma vez que esse tipo de validade vai além da interpretação do teste, confirmando a solidez das interpretações dos resultados do avaliado, de acordo com o uso previsto para o teste (AERA et al., 2014). Quando se aplica um teste, há a expectativa de que algum benefício será extraído a partir da interpretação dos resultados, como, por exemplo, inserir um paciente em um tratamento que será o mais indicado ou contratar um funcionário para o trabalho que lhe é mais adequado. No entanto, resultados benéficos não advêm simplesmente do fato de um teste possuir evidências de validade, pois inúmeras variáveis associadas ao uso do teste podem interferir em seu propósito (Primi et al., 2013).

Informações a respeito das consequências da testagem podem influenciar decisões acerca do uso do teste. Contudo, tais consequências não diminuem a validade da interpretação dos escores, mas os julgamentos de validade à luz das consequências da testagem dependem de investigação nas fontes de tais consequências (AERA et al., 2014). Evidências baseadas nas consequências da testagem têm gerado discussões no meio científico porque implicam situações que fogem ao controle da pesquisa e da construção de um teste (Primi et al., 2013). No entanto, esse tipo de reflexão parece pertinente, pois os instrumentos são desenvolvidos justamente visando algum benefício aos avaliados, aos profissionais e às instituições que irão utilizar as interpretações dos testes para tomar alguma decisão (p. ex., encaminhamento a tratamento mais indicado).

CONSIDERAÇÕES FINAIS

Há vários pontos sobre validade e práticas de validação em relação aos quais os autores concordam. Evidências de validade e processo de validação são os tópicos mais fundamentais quando se trata de instrumentos de mensuração. A evidência de validade se refere à qualidade das inferências, conclusões e decisões tomadas com base nos escores obtidos pelo uso de um instrumento. Validação é o processo em que se buscam evidências de validade que apoiem a adequação, o significado e a utilidade das decisões tomadas com base nas inferências feitas a partir dos escores obtidos do teste (Zumbo & Chan, 2014). É importante que quem usa testes em seu contexto profissional avalie as evidências de validade de um teste, pois não basta um teste apresentar boas evidências de validade, é preciso que seja escolhido considerando o contexto e o objetivo da avaliação e que seja administrado de acordo com a padronização que levou a tais evidências de validade. Caso contrário, todo o benefício da aplicação de um teste psicológico fica comprometido pelo mau uso que o profissional psicólogo faz do instrumento.

A visão de validade de conteúdo, critério e construto apresentou alguns problemas. Talvez o principal deles é que associava a validade ao teste e não à interpretação dos escores. Com a visão unificada de validade proposta por Messick (1989), os pesquisadores passaram a perceber a validade como conceito único e integrado, que se refere às ações decorrentes do uso dos testes (interpretações, inferências, conclusões, etc.). Talvez o mais importante seja que ele trouxe a noção de que a validação é algo em constante construção, sempre em busca de evidências que permitam que as conclusões acerca dos escores dos testes sejam progressivamente mais válidas. Isso levou à criação de diversos tipos de evidências de validade. Entretanto, Messick provavelmente queria evitar esse resultado, já que concebia a validade como única, sendo possível ao processo de validação contar com diferentes fontes de evidências de validade que seriam acumuladas e sintetizadas para conferir validade de construto e dar suporte às interpretações, inferências e conclusões feitas sobre os escores obtidos a partir do uso apropriado dos testes. Dessa forma, o pesquisador deve preocupar-se em coletar evidências de validade de diferentes fontes, buscando validar o construto.

QUESTÕES

1. Qual a diferença entre evidências de validade e processo de validação?
2. A que se referem as evidências de validade baseadas nas relações com outras variáveis?
3. Como podem ser obtidas?
4. Como se avaliam as evidências de validade convergente e discriminante?
5. Por que as evidências de validade de um teste são importantes na hora de selecionar os testes que serão incluídos em um processo de avaliação psicológica?
6. Qual a diferença entre evidência de validade de conteúdo e validade de face?

REFERÊNCIAS

American Educational Research Association (AERA), American Psychological Association (APA), & National Council on Measurement in Education (NCME). (1985). *Standards for education and psychological testing.* Washington: AERA, APA, NCME.

American Educational Research Association (AERA), American Psychological Association (APA), & National Council on Measurement in Education (NCME) &. (2014). *Standards for educational and psychological testing.* Washington: American Educational Research Association.

American Psychological Association (APA). (1954). Technical recommendations for psychological tests and diagnostic techniques. *Psychological Bulletin*, 51, 201-238.

American Psychological Association, American Educational Research Association, & National Council on Measurement in Education (1999). Standards for educational and psychological testing. Washington: APA.

Bornstein, R. F. (1996). Face validity in psychological assessment: Implications for a unified model of validity. *American Psychologist*, 51 (9), 983-984.

Buckingham, B. R. (1921). Intelligence and its measurement: A symposium. *Journal of Educational Psychology*, 12(5), 271-275.

Campbell, D. T., & Fiske, D. W. (1959). Convergent and discriminant validation by multitrait–multimethod matrix. *Psychological Bulletin*, 56(2), 81-105.

Cohen, R. J., Swerdlik, M. E. & Sturman, E. D. (2014). *Testagem e avaliação psicológica: Introdução a testes e medidas* (8. ed.). Porto Alegre: AMGH.

Cronbach, L. J. (1971). Test validation. In R. L. Thorndike (Ed.), Educational measurement (2nd ed., pp. 443-507). Washington: American Council on Education.

Cronbach, L. J., & Glesser, G. C. (1965). *Psychological tests and personnel decisions* (2nd ed.). Urbana: University of Illinois.

Cronbach, L. J., & Meehl, P. E. (1955). Construct validity in psychological tests. *Psychological Bulletin*, 52(4), 281-302.

Lawshe, C. H. (1975). A quantitative approach to content validity. *Personnel Psychology,* 28(4), 563-575.

Loevinger, J. (1957). Objective tests as instruments of psychological theory. *Psychological Reports*, 3, 635-694.

Markus, K. A., & Borsboom, D. (2013). Frontiers of test validity theory: Measurement, causation, and meaning. (Multivariate Applications Series). New York: Routledge.

Messick, S. (1989). Validity. In R. L. Linn (Ed.). Educational measurement (3 rd ed., pp. 13-103). New York: American Council on Education, MacMillan.

Nevo, B. (1985). Face validity revisited. *Journal of Educational Measurement*, 22(4), 287-293.

Newton, P. E., & Shaw, S. D. (2014). *Validity in educational & Psychological assessment.* London: Sage.

Nunes, C. H. S. S., Hutz, C. S. & Nunes, M. F. O. (2010). *Bateria Fatorial de Personalidade (BFP: Manual técnico)*. São Paulo: Casa do Psicólogo.

Pacico, J.C., Zanon, C., Bastianello, M. R., Reppold, C.T., & Hutz, C.S. (2013). Adaptation and validation of the Brazilian version of the Hope Index. *International Journal of Testing, 13*(3), 193-200.

Pasquali, L. (2007). Validade dos Testes Psicológicos: Será Possível Reencontrar o Caminho? *Psicologia: Teoria e Pesquisa*, 23, 99-107.

Primi, R., Muniz, M., & Nunes, C. H. S. (2013). Definições contemporâneas de validade de testes psicológicos. In C. S. Hutz (Org.). *Avanços e polêmicas em avaliação psicológica* (2. ed, pp. 243-265). São Paulo: Casa do Psicólogo.

Rand, K. L. (2009). Hope and optimism: Latent structures and influences on grade expectancy and academic performance. *Journal of Personality*, 77(1), 231-260.

Staats, S. (1989). Hope : A comparison of two self-report measures for adults. *Journal of Personality Assessment, 53*(2), 366-375.

Urbina, S. (2014). *Essentials of Psychological Testing* (2nd ed.). Hoboken: John Wiley & Sons.

Zumbo, B. D., & Chan, E. K. H. (Eds.) (2014). *Validity and validation in social, behavioral, and health sciences.* (Social Indicators Research Series, book 54). Springer: New York.

6

FIDEDIGNIDADE

Cristian Zanon
Nelson Hauck Filho

Fidedignidade, ou precisão, de um teste refere-se à estabilidade com que os escores dos testandos conservam-se em aplicações alternativas de um mesmo teste ou em formas equivalentes de testes distintos (Anastasi & Urbina, 2000). Quanto mais similares forem os escores dos testandos em aplicações distintas, maior será a fidedignidade de um teste; quanto mais diferentes forem os escores dos participantes, menor será a fidedignidade do teste. Em outras palavras, a análise da fidedignidade dos escores de um teste permite estimar o grau de flutuação esperado dos escores em aplicações subsequentes. Muitas variáveis podem influenciar na flutuação dos escores ao longo do tempo (p. ex., aprendizado, lembrança das respostas anteriores), e, por essa razão, diferentes procedimentos para estimar a fidedignidade e considerações sobre suas limitações serão apresentados ao longo deste capítulo.

O avanço da ciência em várias áreas está atrelado ao aprimoramento dos instrumentos de medida, que possibilitam a adequada avaliação e o estudo do fenômeno de interesse. A criação de telescópios com maior alcance e precisão foi fundamental para a observação e o avanço do conhecimento sobre o universo, por exemplo. Na psicologia, a situação não é diferente. A replicação de estudos constitui um aspecto fundamental da ciência. Por isso, é esperado que o teste usado nas pesquisas psicológicas consiga diferenciar apropriadamente testandos com diferentes níveis no traço latente de interesse (p. ex., baixo, médio, alto), mas também consiga recuperar esses escores posteriormente – considerando que o traço medido apresente estabilidade ao longo do tempo (p. ex., habilidades, personalidade, psicopatologia). Se esse não fosse o caso, qualquer diferença encontrada entre aplicações distintas do mesmo teste no mesmo grupo de sujeitos poderia decorrer de um problema de mensuração inadequada do fenômeno (ou inadequação do teste para a finalidade almejada). Isso, por sua vez, impediria ou limitaria o entendimento e o acúmulo de conhecimento sobre o fenômeno estudado – tudo o que não se deseja na ciência. O Capítulo 2, sobre questões básicas de mensuração, oferece mais exemplos sobre a importância de medição na ciência psicológica.

A fidedignidade é uma propriedade psicométrica fundamental para a validade de um teste, de modo que um teste com baixa fidedignidade não será válido, pois não mede apropriadamente o construto de interesse. Apesar de fundamental, a fidedignidade não é uma condição suficiente para o uso do teste (American Educational Research Association [AERA], American Psychological Association [APA], & National Council on Measurement in Education [NCME], 1999), pois ele deve apresentar evidências de validade conjuntamente. Uma vez que a avaliação de evidências de validade requer procedimentos complexos e, muitas vezes, mais custosos, é comum pesquisadores avaliarem, inicialmente, a fidedignidade das escalas em desenvolvimento. Se não houver evidências de fidedignidade, também não haverá de validade.

O termo "fidedignidade" é substituído, muitas vezes, por outros, como "confiança", "consistência interna", "estabilidade" e "precisão". Todos esses termos referem-se ao quão bem o conjunto de itens do teste consegue produzir escores que diferenciam testandos com diferentes graus de habilidade, personalidade, entre outros. Ou seja, quanto maior a fidedignidade, maior a capacidade de distinguir participantes em termos de diferenças individuais. Para ilustrar, podemos pensar que um teste com baixa fidedignidade pode não conseguir distinguir um testando com altíssimas habilidades lógico-matemáticas (p. ex., superdotado) de outro testando com habilidades um pouco acima da média. Ou, ainda, o teste pode não diferenciar um testando incapaz de realizar operações matemáticas elementares de outro que as realiza de modo razoável. Tais limitações podem ser suficientes para decidir não usar um teste como esse para avaliar habilidades lógico-matemáticas de estudantes, por exemplo.

Um termo-chave e diretamente relacionado ao conceito de fidedignidade é o erro de medida. Ele está presente nas avaliações e representa uma variável que pode limitar ou impossibilitar o uso dos testes. Algumas explicações sobre o erro de medida serão fornecidas antes de voltarmos ao conceito de fidedignidade e seus procedimentos de avaliação.

Por que fidedignidade é tão importante para a psicometria? Porque a replicação de estudos é um quesito fundamental na ciência. Logo, o instrumento de medida usado em pesquisa deve ser o mais preciso possível, para garantir as condições necessárias para a adequada replicação de resultados.

ERROS DE MEDIDA

Qualquer tipo de medição está sujeito a erros, e, em psicometria, a presença do erro é sempre considerada existente nas testagens. O significado do erro pode ser pensado como equivalente à diferença entre escores observados e escores verdadeiros dos testandos.

$$\text{Erro} = \text{escore observado} - \text{escore real}$$

O escore observado é aquele obtido pelo participante durante a testagem (p. ex., valor bruto ou número fornecido pelo teste); o escore verdadeiro seria aquele que o participante deveria receber, mas é desconhecido (equivalente a seu real nível de habilidade); e o erro refere-se a fatores específicos (desconhecidos ou não mensurados) que podem fazer o testando apresentar desempenho superior ou inferior ao seu real nível de habilidade em um teste de inteligência, por exemplo. Como mencionado, o erro de medida pode aumentar ou diminuir o desempenho do testando. Por isso, se aplicarmos muitas vezes o mesmo teste no mesmo participante, a média dos escores brutos tenderá a representar seu escore real. Imagine que algumas vezes o participante apresenta melhor desempenho, e outras, pior. As diferenças para mais e para menos nos escores do teste tenderão a se anular. Apesar de o exemplo tratar de um teste de habilidade, o conceito é o mesmo para testes de personalidade, atitude e outros. Imagine que é possível alguém receber um escore mais alto (ou mais baixo) em extroversão devido ao erro, por exemplo.

A suposição de que alguém responderia muitas vezes o mesmo teste para que, com a média de seus escores brutos, fosse possível conhecer o seu escore verdadeiro é totalmente irrealista. Dificilmente, na prática, consegue-se que alguém responda ao mesmo teste duas ou mais vezes. Contudo, quando o interesse é conhecer o nível de habilidade de um grupo, por exemplo, a equação apresentada anteriormente também é válida para amostras aleatórias (conjunto de testandos sorteados da população de interesse). Assim, com uma aplicação, apenas se poderia conseguir uma aproximação do escore real do grupo. Imagine que muitos testandos terão sorte e acertarão questões por acaso, enquanto outros errarão questões que dominavam por falta de atenção ou outros fatores já mencionados. Na média, os aumentos e as diminuições devidos ao erro aleatório tendem a se anular, e, assim, pode-se chegar ao valor real dos escores dos grupos. A demonstração disso envolve cálculos complexos e caracteriza uma grande contribuição da psicometria para a Teoria Clássica dos Testes – o que respaldou a aplicação de testes em grupos. Para mais informações sobre a Teoria Clássica dos Testes, sugere-se a leitura do Capítulo 2 sobre questões básicas de mensuração.

Dois tipos de erros podem influenciar os escores de um teste: erros aleatórios e erros sistemáticos. Fatores específicos, como fadiga, fome, sonolência, esquecimento temporário de informações, ruídos perturbadores, conversas desnecessárias na sala de aplicação, entre outros, podem reduzir o desempenho, enquanto sorte e conhecimento prévio de passagens contidas no texto base de algumas questões podem aumentar o desempenho dos participantes. Outros fatores, como itens e instruções inadequados dos testes, erros de digitação e cômputo errado dos escores dos participantes, também são classificados como erros aleatórios que enviesam os resultados. Por essa razão, todo cuidado possível é necessário antes, durante e depois das testagens. O seguimento das instruções do teste referente a todas as etapas de aplicação e correção é fundamental para a redução de erros de medida. Contudo, mesmo com todo esse cuidado, o erro estará presente em alguma medida – o que desejamos é que ele esteja reduzido.

Erros aleatórios podem trazer importantes consequências em nível individual. Por exemplo, um candidato pode ter acertado, por sorte, 3 de 10 questões que não dominava (em uma prova de múltipla escolha), enquanto outro pode ter errado 3 das 10 questões que dominava, por desatenção ou falta de motivação para terminar a prova. Em ambos os casos, os escores produzidos contêm grandes erros e podem trazer consequências importantes para os testandos, dependendo do propósito do teste. Quando o número total de itens do teste é maior, é menos provável a ocorrência de tais discrepâncias. Por essa razão, o julgamento sobre a habilidade numérica de um testando usando um teste com 50 itens tende a apresentar menos erros desse tipo do que com um teste de 10 itens. Ou seja, quanto mais itens no teste, maior sua fidedignidade.

Uma analogia do papel do erro na fidedignidade pode ser pensada se considerarmos uma balança desregulada que produz valores incorretos sobre o peso de objetos. Contudo, nesse caso, o erro (para mais ou para menos) seria sistemático, pois todos os objetos receberiam um valor constante superior ou inferior e, se alguém descobrisse o quanto ela está desregulada, seria possível corrigir a imprecisão dos pesos.

A presença do erro sistemático na testagem psicológica é pouco preocupante, especialmente quando o interesse recai sobre diferenças individuais, porque ele afeta todos os participantes igualmente. O problema do erro sistemático ocorre quando o interesse é comparar escores de um teste livre de erro sistemático com outro com tal erro (Kline, 1993). Na próxima seção, serão apresentadas as principais formas de avaliar a fidedignidade de um teste.

Se toda forma de testagem apresenta erros, como saber se o teste pode ser usado ou não? Toda testagem apresenta erros, mas, como podemos estimá-los, é possível usar essa informação para avaliar a pertinência de usar determinado teste. A quantia de erro aceita dependerá do propósito do teste. Por exemplo, para pesquisa se tolera mais erros do que em um contexto de seleção de pessoal.

Fidedignidade Teste-Reteste

A fidedignidade teste-reteste possivelmente se constitui como o método mais intuitivo para avaliação da consistência dos escores ao longo do tempo. Ela basicamente consiste em uma correlação dos escores dos mesmos testandos avaliados em momentos distintos. A correlação é uma análise estatística entre duas ou mais variáveis que produz um coeficiente que varia de -1 a +1, sendo que o valor "0" implica a ausência total de relação entre as variáveis. Quanto mais próximo a 0 for o valor do coeficiente, menor a relação das variáveis; quanto mais próximo a 1 for o valor do coeficiente, maior é a relação entre as variáveis. Imagine que um teste de habilidade motora foi aplicado a um grupo de crianças em um tempo T1 e reaplicado em um tempo T2 e que o resultado final do teste é V1 (no tempo 1) e V2 (no tempo 2). Vamos considerar V1 a variável 1 e V2 a variável 2. Se quisermos conhecer a fidedignidade desse teste, precisaríamos calcular a correlação entre V1 e V2. Detalhes sobre o cálculo de correlação podem ser encontrados em livros-texto básicos de estatística e este cálculo é facilmente implementado em pacotes estatísticos com SPSS, Excel ou R.

De forma geral, a reaplicação de um teste com alta fidedignidade revelará coeficientes de correlação com valores superiores a 0,80, que indicam considerável manutenção do valor dos escores entre T1 e T2. Mais especificamente, o valor 0,80 indica que 64% da variância dos escores de T1 e T2 é compartilhada. Se elevarmos o valor da correlação ao quadrado ($0{,}80^2 = 0{,}64$), obtemos a quantia de variância compartilhada entre as variáveis relacionadas. Os 36% restantes da variância total seriam atribuídos a erro ($1 - 0{,}64 = 0{,}36$). Se o valor da correlação fosse 0,90, teríamos um compartilhamento de 81% da variância de T1 e T2 (sendo apenas 19% da variância total atribuída a erro). Agora, imagine se o valor da correlação observada fosse 0,70. Aplicando o raciocínio anterior, perceberíamos que apenas 49% da variância total de T1 e T2 é compartilhada, sendo que 51% (maior parte) deve-se a erro. Quanto menor a correlação, menor a correspondência dos escores entre T1 e T2 e maior a parcela de variância de erro.

O período entre as aplicações desempenha um papel importante no coeficiente de correlação obtido. Se um teste é reaplicado no intervalo de dias ou semanas, ele tenderá a apresentar maiores coeficientes de correlação do que se ele for reaplicado em um período de meses ou anos. Mudanças, desenvolvimento e aprendizagem podem ocorrer no intervalo entre as aplicações e alterar os escores de T2. Se um ditado é repetido em três semanas a crianças de ensino fundamental, é provável que apresente menores alterações do que ser for repetido no intervalo de um ano. É possível que a criança aprenda novas palavras e apresente desenvolvimento considerável na habilidade de escrita em um período de um ano.

Contudo, a reaplicação de testes em períodos curtos não é livre de problemas que incidirão sobre os erros. É possível que em períodos curtos de reaplicação os participantes lembrem de suas respostas anteriores e que seus escores reflitam muito sua memória às respostas, e não apenas suas habilidades. Ademais, a simples repetição de um problema (questão) que requer desenvolvimento analítico pode torná-lo mais fácil de ser respondido (e acertado) na segunda tentativa, por elaboração subsequente dos procedimentos necessários para a sua resolução (Anastasi & Urbina, 2000).

Eventos de vida positivos ou negativos podem influenciar consideravelmente os escores de uma reaplicação. Imagine que momentos antes da reaplicação de um teste que avalia neuroticismo um participante seja assaltado na rua. Seu escore de ansiedade muito provavelmente estará elevado e apresentará baixa relação com o escore anterior – considerando que não se trata de uma pessoa com altos escores de ansiedade. Outros fatores, como instruções diferentes nos momentos da aplicação, podem influenciar a motivação dos participantes e enviesar os escores. Por isso, a maioria dos testes psicológicos será influenciada por variáveis desconhecidas entre os períodos de aplicação, as quais podem produzir distorções consideráveis. Logo, não se recomenda a aplicação desse método para testes suscetíveis a tais influências. Testes motores e de discriminação sensorial são exceções (Anastasi & Urbina, 2000), pois estariam menos sujeitos às influências anteriormente mencionadas.

O método teste-reteste basicamente avalia a estabilidade dos escores do teste ao longo do tempo. O cálculo da correlação entre as aplicações produz um coeficiente que permite avaliar o nível de flutuação e estabilidade dos escores.

Fidedignidade de Formas Alternadas

Um procedimento similar ao teste-reteste é o de formas alternadas, que tem por objetivo avaliar a relação entre os escores dos testandos entre um período de tempo. O procedimento de formas alternadas difere do teste-reteste, pois as aplicações ocorrem com conjuntos de itens distintos. Para isso, é necessária a existência de duas formas equivalentes do mesmo teste. Por equivalência entende-se que os testes devem apresentar o mesmo número de itens, o mesmo formato (p. ex., mesmo número de alternativas falsas, mesmo número de pontos na escala Likert), a mesma dificuldade ou atratividade, as mesmas instruções e cobrir os mesmos domínios.

O uso de formas alternadas é desejável porque reduz as chances de treinamento ou fraude (Anastasi & Urbina, 2000). Contudo, com raras exceções, conseguimos aplicar dois ou mais testes equivalentes a grupos de testandos. Como, então, podemos avaliar a fidedignidade de um teste aplicado uma única vez? Algumas soluções serão apresentadas a seguir.

DUAS METADES

Este procedimento consiste em separar o teste em duas partes e calcular a correlação entre elas. Se os valores de correlação forem elevados, então há evidências de fidedignidade pelo método das metades para o teste todo. Um problema, nesse caso, consiste em determinar como o teste deve ser dividido, pois a predominância de conteúdos relevantes em apenas uma das metades apenas pode comprometer a avaliação da fidedignidade por esse método.

A divisão entre itens pares e ímpares pode ser usada desde que os domínios de conteúdos cobertos pelo teste não se concentrem em uma das metades. Ademais, essa divisão é pertinente se os itens estiverem dispostos em ordem crescente de dificuldade. Contudo, uma das críticas endereçadas ao uso desse procedimento é que coeficientes distintos podem ser obtidos dependendo da forma como o teste é dividido (Cronbach, 1951).

Coeficiente Alfa – α

Um dos procedimentos provavelmente mais conhecidos e usados para avaliação da fidedignidade dos escores de um teste é o coeficiente alfa, também conhecido como alfa de Cronbach. Apesar de o nome "alfa de Cronbach" ter-se consolidado na literatura psicológica e educacional para designar o coeficiente, o próprio Lee J. Cronbach não aprovava tal nomenclatura (Hambleton, comunicação pessoal, 2011). O coeficiente alfa foi inicialmente proposto por Louis Guttman e, posteriormente, aprimorado por Cronbach (Maydeu-Olivares, Coffman, García-Forero, & Gallardo-Pujol, 2010). Hoje, a revista oficial da International Test Commission (ITC) – *International Journal of Testing* – recomenda o uso do termo "coeficiente alfa" em suas publicações.

O coeficiente alfa é a média de todos os coeficientes possíveis de duas metades de um teste e indica o valor esperado de uma divisão aleatória do conjunto de itens de um teste (Cronbach, 1951). Em outras palavras, se dividíssemos um teste usando todas as possibilidades, obteríamos um coeficiente de correlação referente a cada divisão. Se, então, calcularmos a média de todos esses coeficientes, obteremos o coeficiente alfa.

Os valores de alfa geralmente vão de 0 a 1, sendo que, quanto mais próximos a 1, maior a fidedignidade do teste. Contudo, valores negativos de alfa podem ser produzidos – ainda que sem sentido prático. Esse é o caso em muitas situações em que se esquece de inverter itens negativos de um teste. George e Mallery (2002) sugerem alguns valores de referência para a interpretação dos coeficientes:

α > 0,90 = excelente
0,89 > α > 0,80 = bom
0,79 > α > 0,70 = aceitável
0,69 > α > 0,60 = questionável
0,59 > α > 0,50 = ruim
α < 0,50 = inaceitável

O coeficiente alfa é comumente usado em testes com itens politômicos, ou seja, aqueles cujas chaves de resposta estão dispostas em escalas Likert – que apresentam números representando o quanto o indivíduo concorda ou discorda com determinada afirmação, por exemplo. Testes compostos por itens politômicos geralmente são testes de personalidade, de atitude ou de psicopatologia. Contudo, o coeficiente alfa também pode ser usado com testes compostos por itens dicotômicos – aqueles que apresentam: a) uma alternativa apropriada ou certa, b) sim ou não, c) concordo ou discordo, entre outros. Testes com itens dicotômicos geralmente são aqueles que caracterizam testes de habilidades. Nesse caso, o coeficiente alfa equivalerá a outro índice de fidedignidade bastante usado em testes de desempenho – o coeficiente Kuder-Richardson. Em outras palavras, o coeficiente Kuder-Richardson pode ser pensado como um caso específico do coeficiente alfa aplicado em itens dicotômicos (Cronbach, 1951; Revelle, 2015).

Fidedignidade do Avaliador

Determinados tipos de testes, como os projetivos, podem estar mais sujeitos à avaliação subjetiva do avaliador e, por essa razão, podem necessitar de evidências adicionais de fidedignidade para seus escores (Anastasi & Urbina, 2000). Nesse caso, podem-se correlacionar os resultados dos protocolos de respostas dados a avaliadores diferentes e, então, verificar o grau de similaridade entre eles. O próprio valor da correlação pode ser o índice da fidedignidade do avaliador. Esse tipo de evidência complementa as evidências fornecidas por outros procedimentos, como os mencionados anteriormente, e é desejável para testes em que a padronização da produção de escores pode estar mais sujeita a vieses do aplicador.

LIMITAÇÕES DOS MÉTODOS CLÁSSICOS DE AVALIAÇÃO DA FIDEDIGNIDADE

Os distintos procedimentos para avaliação de fidedignidade antes apresentados[1] tratam de diferentes fontes de erro (p. ex., temporal, conteúdos avaliados em formas distintas e subjetividade do avaliador) e apresentam formas variadas de estimar e lidar com a variância de erro (parcela total do escore do teste referente ao erro). Contudo, esses índices consideram que o erro é constante para todo o *continuum* do traço latente avaliado. Imagine, por exemplo, que temos um teste de extroversão que apresenta coeficiente alfa de 0,70. Portanto, poderíamos dizer que esse teste apresenta nível aceitável de fidedignidade. Mas o problema é que não sabemos qual é a quantia de erro para testandos que pontuam baixo, médio ou alto no teste.

Uma vez que a fidedignidade do teste tem por finalidade produzir informações sobre o quão bem o teste diferencia testandos com níveis baixo, médio ou alto, como podemos saber se ele está discriminando adequadamente participantes desses níveis? Imagine, agora, que estamos pensando em usar esse teste para selecionar participantes tímidos para participar de um curso de oratória. Como eu sei que o teste é capaz de identificar os mais tímidos mesmo? Se há considerável montante de erro na avaliação de participantes com baixos níveis de extroversão, é possível que pessoas tímidas pareçam não tímidas e pessoas não tão tímidas pareçam muito tímidas. Dependendo do propósito do teste, níveis de erro devem ser avaliados – como no caso de seleções. Todavia, saber em que parte do traço latente há maior concentração de erro também é fundamental.

A Teoria de Resposta ao Item (TRI) (Lord & Novick, 1968) constitui um conjunto de modelos estatísticos que suprem essa lacuna dos coeficientes tradicionais de fidedignidade. A aplicação da TRI nos testes permite avaliar especificamente em que parte do traço latente o teste está mensurando mais adequadamente os participantes e onde há mais erros de medida. A TRI constitui um

---

[1] Diversos outros coeficientes e métodos de avaliação de fidedignidade não foram contemplados neste capítulo, tampouco descritos detalhadamente com fórmulas. Interessados no tópico podem procurar por Revelle (2015) – Personality Project –, que reúne material abrangente sobre fidedignidade e psicometria.

poderoso recurso para avaliação de fidedignidade e contribui para o aprimoramento e o desenvolvimento de testes (ver, Zanon, Hutz, Yoo, & Hambleton, no prelo, para uma aplicação didática de um modelo de TRI em um teste psicológico, e Knijinick, Giacomoni, Zanon, & Stein, 2014, para uma aplicação em um teste de desempenho escolar).

QUESTÕES

1. Explique o que é fidedignidade. Por que ela é importante? Por que ela não constitui fonte suficiente de evidência para o uso de um teste?
2. O que são erros de medida?
3. Qual a relação entre erro de medida e fidedignidade?
4. Quais são os tipos de erro mencionados no capítulo?
5. Quais as principais formas de avaliar a fidedignidade de um teste?
6. Por que o teste-reteste não é apropriado para a maioria dos testes psicológicos?
7. O que significa o coeficiente alfa?

REFERÊNCIAS

American Educational Research Association (AERA), American Psychological Association (APA), & National Council on Measurement in Education (NCME). (1999). *Standards for educational and psychological testing*. Washington: AERA, APA, NCME.

Anastasi, A., & Urbina, S. (2000). *Testagem psicológica* (7. ed.). Porto Alegre: Artmed.

Cronbach, L. J. (1951). Coefficient alpha and the internal structure of tests. *Psychometrika, 16*(3), 297-334.

George, D., & Mallery, P. (2002). *SPSS for Windows step by step: A simple guide and reference. 11.0 update* (4th ed.). Boston: Allyn & Bacon.

Kline, P. (1993). *Handbook of psychological testing*. New York: Routledge.

Knijnik, L. F., Giacomoni, C. H., Zanon, C., & Stein, L. M. (2014). Avaliação dos subtestes de leitura e escrita do teste de desempenho escolar através da teoria de resposta ao item. *Psicologia: Reflexão e Crítica, 27*(3), 481-490.

Lord, F. M., & Novick, M. R. (1968). *Statistical theories of mental test scores*. Reading: Addison-Wesley.

Maydeu-Olivares, A., Coffman, D. L., García-Forero, C., & Gallardo-Pujol, D. (2010). Hypothesis testing for coefficient alpha: An SEM approach. *Behavior Research Methods, 42*(2), 618-625.

Revelle, W. (2015). *Procedures for psychological, psychometric, and personality research.* Recuperado de http://cran.r-project.org/web/packages/psych/psych.pdf

Zanon, C., Hutz, C. S., Yoo, H., & Hambleton, R. K. (no prelo). *A comprehensible application of item response theory to psychological test development.*

7

ANÁLISE DE ITENS E TEORIA DE RESPOSTA AO ITEM (TRI)

Tatiana de Cassia Nakano
Ricardo Primi
Carlos Henrique Sancineto da Silva Nunes

A Teoria de Resposta ao Item (TRI) não é propriamente uma teoria, e sim um modelo matemático que tem sido elaborado, de maneira mais intensa, desde os anos de 1950, embora suas raízes situem-se na década anterior. O avanço da informática e das máquinas de processamento (computadores) possibilitou, nos anos de 1980, o desenvolvimento de *softwares* apropriados para os cálculos que o modelo TRI exige (Pasquali & Primi, 2003). Tal teoria foi desenvolvida não para substituir a psicometria clássica, mas como evolução de seus princípios, complementando e avançando os recursos estatísticos de análise para itens e escalas.

O modelo avalia cada elemento do teste (cada item separadamente), e não o instrumento de forma geral, tal como a psicometria clássica faz. Sua importância ampara-se no fato de esse modelo permitir a superação de algumas das dificuldades para a mensuração presentes na Teoria Clássica dos Testes (TCT). Entre as dificuldades identificadas na TCT, destacam-se as relacionadas à estimação dos parâmetros dos itens e ao escore dos indivíduos, processos nos quais o escore do sujeito depende e varia de acordo com a amostra utilizada no seu cálculo, ou, ainda conforme a facilidade ou dificuldade dos itens contidos no teste. Diz-se, por esse motivo, que os procedimentos de análise embasados na TCT são dependentes da amostra (Embretson & Reise, 2000). Na TRI, os parâmetros de dificuldade serão praticamente os mesmos, independentemente da amostra utilizada, variando somente se a estimação for realizada com muito erro, devido, principalmente, à seleção não adequada da amostra (p. ex., amostra composta por sujeitos sem variação nos níveis de habilidade). Assim, quando uma amostra com habilidade suficientemente variada e suficientemente numerosa é utilizada para a calibração de itens na TRI, o modelo probabilístico gerado e que busca explicar os padrões de respostas dos indivíduos é relativamente estável, independentemente dos sujeitos que compõem a amostra.

Outro problema refere-se à tendência à limitada interpretação do escore bruto do sujeito em um teste, geralmente estimado pela pontuação total na TCT (perdendo-se a informação acerca do desempenho em cada item especificamente), ou, ainda, à adequação do nível de dificuldade do teste e dos itens ao sujeito (visto que o mesmo teste costuma ser aplicado a todos os indivíduos, de modo a desconsiderar seu nível de aptidão). Como consequência, um teste fácil avaliaria bem sujeitos com baixa aptidão naquele traço, mas não teria muita utilidade na avaliação de sujeitos com alta aptidão, e vice-versa (Vieira, Ribeiro, Almeida, & Primi, 2011). A TRI considera a dificuldade dos itens no cálculo dos escores latentes. Com isso, por exemplo, duas pessoas que tiraram 6 pontos em testes com dificuldades diferentes terão escores latentes distintos. Na psicometria clássica, seria bem mais difícil fazer essa correção.

Por tais motivos, percebe-se que, quando se usa a psicometria clássica para medir determinado construto, o resultado vai depender muito do instrumento utilizado, dada a particularidade de seus itens, conteúdos abordados e dificuldade envolvida no processo de resposta, de maneira que comparações entre diferentes instrumentos que avaliam os mesmos construtos não são possíveis (Pasquali, 2007). Tais dificuldades foram superadas pela TRI.

Diversas são as possibilidades de usos exploratórios da TRI nos processos de análise de dados de medidas de construtos variados. Elas podem adotar formatos bastante diversificados, destacando-se a medida de diversos traços e construtos, disposições comportamentais, avaliações situacionais e atitudes (Embretson & Reise, 2000). O modelo apresenta, entre seus usos principais, a seleção apropriada de itens para um sujeito específico durante a realização de um teste (também chamada de testagem adaptativa), a estimação de habilidades não só gerais, mas para itens/tarefas específicas, a redução no número de itens de um teste, comparações entre ou intratestes (por meio de um procedimento denominado equalização de notas), a obtenção de informações sobre a consistência do instrumento e da medida das pessoas e a criação de banco de itens equalizados. O uso da TRI permite, ainda, algumas aplicações interessantes, como análise de viés em itens e interpretação de pontuação pela análise do mapa de construto (Primi, 2004). Ainda que, nesses contextos citados, a TRI venha sendo utilizada mais comumente, seu emprego em outros contextos, como em experimentos com observações repetidas ou em estudos longitudinais, também vem crescendo (De Boeck & Wilson, 2004).

Na prática, grande parte dos modelos de TRI é denominada unidimensional, pois impõe como restrição que os itens analisados sejam indicadores de um único construto/dimensão psicológica. Assim, esses modelos só funcionam bem caso os itens estejam medindo uma dimensão principal e as dimensões secundárias tenham uma influência negligenciável (Hambleton & Swaminatham, 1985). Evidentemente, vários construtos podem ser medidos, com a condição de que a TRI seja aplicada separadamente a cada conjunto de itens. Entretanto, itens complexos que medem igualmente mais de um construto requerem modelos de TRI multidimensionais. É interessante notar, porém, que tais itens/testes são raros, já que, na abordagem fatorial, metodologia dominante no desenvolvimento de testes, procura-se otimizar a consistência das escalas, com a inclusão de itens com alta correlação entre si, de modo a garantir que estas avaliem um construto principal.

A unidimensionalidade é avaliada por meio da análise fatorial de matrizes de correlação ou de covariância entre os itens. Cada conjunto de itens altamente inter-relacionados permite a inferência acerca da existência de uma variável latente comum (habilidades latentes que representariam as causas das diferenças, entre os sujeitos, nos escores dos itens). Assim, a partir de um conjunto de variáveis observáveis, e por meio das inter-relações entre elas, torna-se possível investigar as dimensões subjacentes que seriam as causas desses comportamentos (Primi, 2012). A existência de uma dimensão implica um padrão específico de respostas aos itens, que será exemplificado a seguir.

Na Figura 7.1, as respostas de 14 sujeitos a um teste composto por cinco itens são apresentadas. Cada linha representa um sujeito, e cada coluna, um item. Nas células (combinação específica de linha com coluna), apresenta-se a pontuação de cada sujeito a cada item, 1 quando houve acerto, e zero no caso de erro. A última coluna representa o total de pontos.

A fim de que a informação possa ser mais bem visualizada, os mesmos dados serão apresentados ordenados de acordo com os escores, em ordem decrescente (aqueles que obtiveram mais pontos encontram-se no topo da Figura 7.2; os itens também estão ordenados da esquerda para a direita, do mais fácil ao mais difícil). O padrão triangular encontrado na figura é típico quando há unidimensionalidade, já que o aumento da habilidade (de baixo para cima) implica o acerto de itens mais difíceis, além dos fáceis.

A estimativa do índice de dificuldade (ID) de cada item (porcentagem de acertos na amostra), no caso de itens dicotômicos, fornece indícios acerca da capacidade de diferenciação do item. Assim, um item com ID = 1 não permite separação dos sujeitos de acordo com o nível de habilidade, visto que 100% dos sujeitos o acertam. Do mesmo modo, um item com ID = 0 representa um item muito difícil, visto que 100% dos sujeitos erram. Para esse parâmetro, são considerados bons os itens com ID entre 0,30 e 0,70. Outro índice importan-

ord	Item 1	Item 2	Item 3	Item 4	Item 5	Total		
Suj 2	1	1	1	1	1	5	Soma	36
Suj 5	1	1	1	1	0	4	Média	2,57
Suj 1	1	1	1	1	1	5	Var	3,10
Suj 11	1	0	0	0	0	1	DP	1,76
Suj 3	1	1	1	1	0	4	Alfa	
Suj 13	0	0	0	0	0	0	N/N-1	1,08
Suj 10	1	0	0	0	0	1		
Suj 12	1	0	0	0	0	1	Alfa/KR	0,71
Suj 9	1	0	0	0	0	1		
Suj 7	1	1	1	0	0	3		
Suj 8	1	1	1	0	0	3		
Suj 4	1	1	1	1	0	4		
Suj 14	0	0	0	0	0	0		
Suj 6	1	1	1	1	0	4		
ID	0,86	0,57	0,57	0,43	0,14	2,57		
Correlação Item-total	0,60	0,94	0,94	0,87	0,56	1,00		
Desvio-padrão	0,35	0,49	0,49	0,49	0,35	Soma:	2,18	
Variância	0,13	0,26	0,26	0,26	0,13	Soma:	1,05	

FIGURA 7.1 / Padrão de resposta observado considerando-se sujeito, item e resposta.

te para avaliar o quanto um item contribui com o teste é a correlação do acerto (0 e 1) com o escore total (última coluna à direita). Desse modo, altas correlações item-total indicam que o item se associa com os outros, gerando alta consistência interna e, consequentemente, alta precisão. Na TCT, o índice de precisão é derivado diretamente da correlação entre os itens do teste (de fato, são derivados do impacto que as correlações têm na variância do escore total, sendo, que, quanto maiores as correlações, maior a variância do escore total). No exemplo ilustrado na Figura 7.2, podem-se verificar correlações item-total que variam entre 0,56 e 0,94, que dão origem a um valor de 0,71 de consistência interna (precisão) para o teste em questão.

CONCEITOS BÁSICOS: CURVAS CARACTERÍSTICAS DE ITENS DICOTÔMICOS

A TRI busca representar, por meio de um modelo matemático, a situação de testagem na qual uma pessoa responde um conjunto de itens. Diferentemente

	Item 1	Item 2	Item 3	Item 4	Item 5	Total		
Suj 1	1	1	1	1	1	5	Soma	36
Suj 2	1	1	1	1	1	5	Média	2,57
Suj 3	1	1	1	1	0	4	Var	3,10
Suj 4	1	1	1	1	0	4	DP	1,76
Suj 5	1	1	1	1	0	4	Alfa	
Suj 6	1	1	1	1	0	4	N/N-1	1,08
Suj 7	1	1	1	0	0	3		
Suj 8	1	1	1	0	0	3	Alfa/KR	0,71
Suj 9	1	0	0	0	0	1		
Suj 10	1	0	0	0	0	1		
Suj 11	1	0	0	0	0	1		
Suj 12	1	0	0	0	0	1		
Suj 13	0	0	0	0	0	0		
Suj 14	0	0	0	0	0	0		
ID	0,86	0,57	0,57	0,43	0,14	2,57		
Correlação Item-total	0,60	0,94	0,94	0,87	0,56	1,00		
Desvio-padrão	0,35	0,49	0,49	0,49	0,35	Soma:	2,18	
Variância	0,13	0,26	0,26	0,26	0,13	Soma:	1,05	

	Item 1	Item 2	Item 3	Item 4	Item 5
Item 1	1,00				
Item 2	0,47	1,00			
Item 3	0,47	1,00	1,00		
Item 4	0,35	0,75	0,75	1,00	
Item 5	0,17	0,35	0,35	0,47	1,00

FIGURA 7.2 / Padrão de resposta esperado ordenado por escore.

da psicometria clássica, centrada no teste como um todo, a TRI é centrada no item e considera tanto o nível de habilidade do sujeito quanto a complexidade da tarefa a ser realizada, que pode ser analisada por meio de modelos com diferentes níveis de complexidade, variando da estimativa de um parâmetro (dificuldade) até a estimativa de três parâmetros (discriminação, dificuldade e acerto ao acaso). Vale citar que modelos mais complexos, que buscam modelar mais parâmetros (Loken & Rulison, 2010), têm sido discutidos na literatura da área, mas podem considerados ainda em desenvolvimento.

Uma das principais contribuições da aplicação da TRI refere-se à possibilidade de sua utilização como recurso para quantificar os níveis que os sujeitos apresentam em um dado construto e sua relação com cada característica (ou item) englobada pela medida, permitindo-se verificar aquelas que seriam mais proeminentes em diferenciar sujeitos com maior potencial (Primi, 2004). Nesse sentido, a TRI postula a ideia de que, quanto mais intensa ou desenvolvida for uma determinada característica em um indivíduo, maior será a probabilidade de ele obter pontos mais altos ou acertar os itens que compõem um teste de avaliação daquele construto. O nível de aptidão ou habilidade do sujeito é, dentro da TRI, chamado de *theta*, cujo valor comumente oscila entre -4 e +4 (ainda que valores mais altos ou mais baixos possam ser encontrados). Nessa escala, valores positivos mais elevados representam um nível mais intenso no construto mensurado.

Após determinar o valor de *theta* de cada sujeito, ou seja, seu nível de habilidade, torna-se possível prever seu desempenho em itens específicos que compõem o teste a ser respondido, estimando-se a probabilidade de acertar ou errar cada um deles. Para tanto, como dito anteriormente, os modelos de até três parâmetros são adotados para a avaliação das propriedades psicométricas dos itens. No modelo de três parâmetros, o primeiro é chamado de parâmetro *a*, que se refere à discriminação do item, que representa a capacidade do item de diferenciar pessoas com diferentes níveis do construto, principalmente na área de *theta,* onde se localiza a dificuldade do item. Na prática, seu valor oscila entre 0 (nenhuma discriminação) e 3 (discriminação praticamente perfeita). Valores entre 0,6 e 1,8 são considerados adequados para a composição de uma boa medida, sendo que quanto maior a discriminação, melhor o item. Tal parâmetro é representado pela inclinação da curva em relação ao eixo x e indica o quão rápido ela discrimina diferentes índices de *theta*. Quanto mais inclinada, mais discriminativa. Vale apontar, ainda, que itens com elevada discriminação colaboram para uma maior precisão da medida, notadamente na região do *theta,* onde se localiza sua dificuldade.

Dois exemplos de itens são ilustrados a seguir, com suas respectivas dificuldades, lembrando que a linha horizontal representa a escala de habilidade (*theta*), e a linha vertical, a probabilidade de o sujeito acertar o item.

O primeiro item, na Figura 7.3, é considerado de baixa discriminação, parâmetro a = 0,6, visto que o aumento de 2.5 unidades em *theta* (de 0 para 2.5) eleva a probabilidade de acerto do sujeito de 30 para 61% (Δ = 31%), não discriminando bem indivíduos com níveis próximos de habilidade. Em contrapartida, o item representado na Figura 7.4 é considerado de alta discriminação, visto que o mesmo aumento (novamente de 0 para 2.5) eleva a probabilidade de acerto de um sujeito de 13 para 72% (Δ = 59%).

O segundo parâmetro representa a dificuldade do item (b) e consiste no ponto na escala de habilidade no qual a probabilidade de obter uma resposta

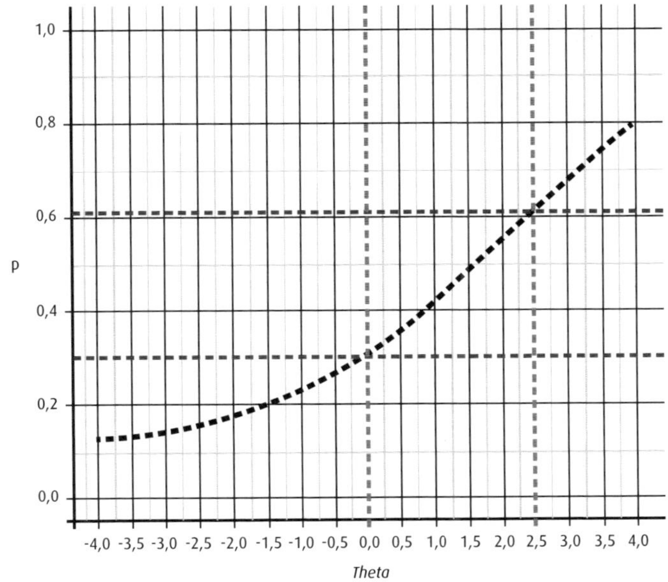

FIGURA 7.3 / Baixa discriminação.

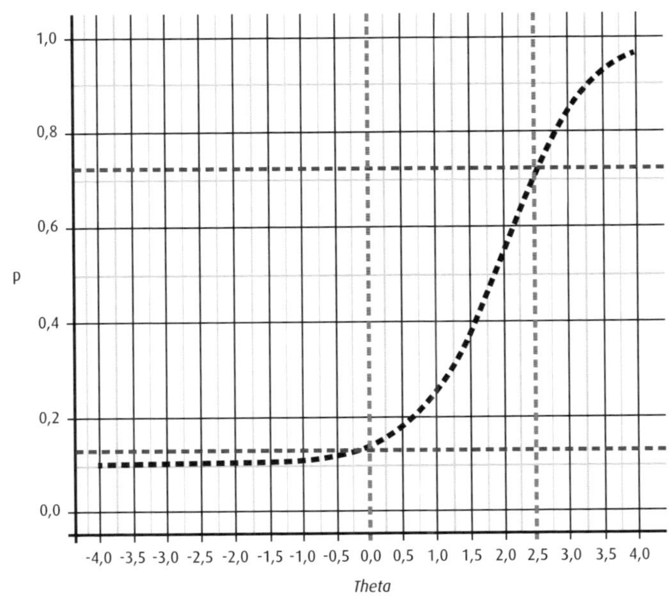

FIGURA 7.4 / Alta discriminação.

correta (acerto) é de 50% quando são adotados os modelos de um ou dois parâmetros. Em geral, localiza-se entre -3 (itens fáceis) e +3 (itens difíceis). Assim, quanto maior a dificuldade do item, maior deve ser o nível de *theta* exigido para que o sujeito tenha 50% de chance de acertá-lo. Novamente, dois exemplos são fornecidos.

O primeiro exemplo, na Figura 7.5, indica um item com baixa dificuldade (b = -2), visto que somente sujeitos com nível de habilidade menor do que -2 teriam chance menor do que 50% de acertá-lo. Já o exemplo da Figura 7.6 indica um item com dificuldade alta (b = 2), visto que somente sujeitos com nível de habilidade maior do que 2 apresentariam chance de acerto igual ou superior a 50%.

Por sua vez, o parâmetro c avalia a probabilidade de uma resposta correta ter sido dada ao acaso, ou por meio de "chute". O valor de c irá determinar essa probabilidade, sendo esperado, para um bom item, um valor 0 ou próximo a isso. Valores acima de 0 indicam a presença de acertos ao acaso, sendo visualizados no ponto em que a curva corta o eixo das probabilidades (eixo vertical). As Figuras 7.7 e 7.8 ilustram as duas situações.

No exemplo da Figura 7.7, o item apresenta valor c = 0, indicando um bom item e probabilidade zero de acerto ao acaso. Já o exemplo da Figura 7.8

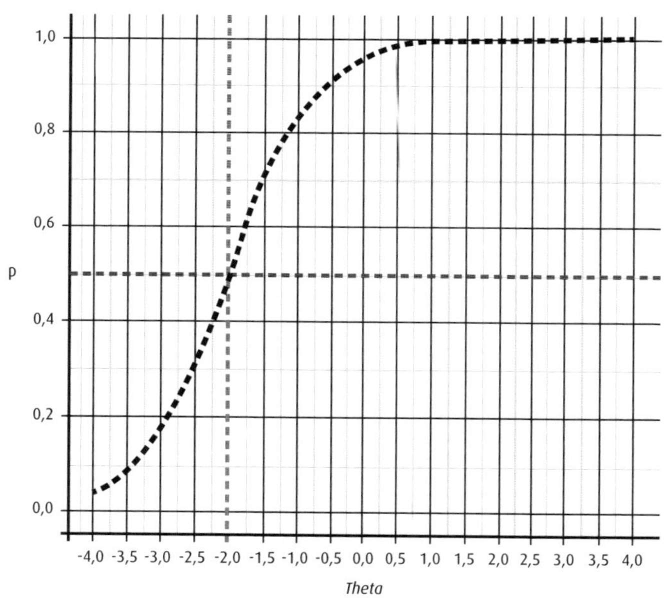

FIGURA 7.5 / Baixa dificuldade.

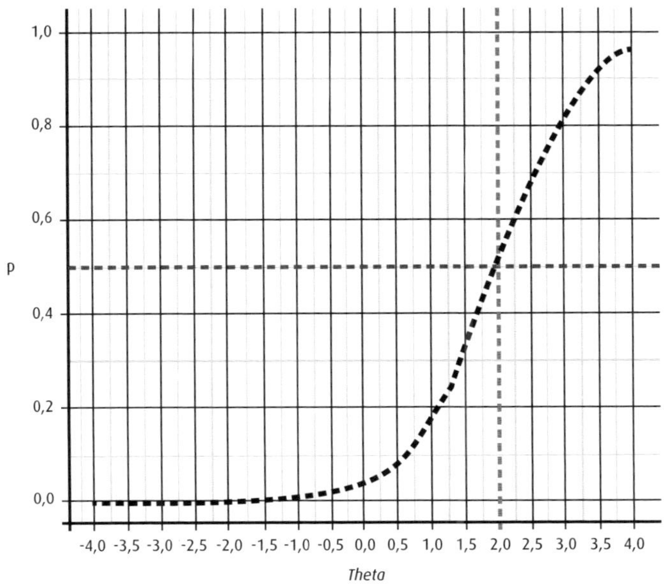

FIGURA 7.6 / Alta dificuldade.

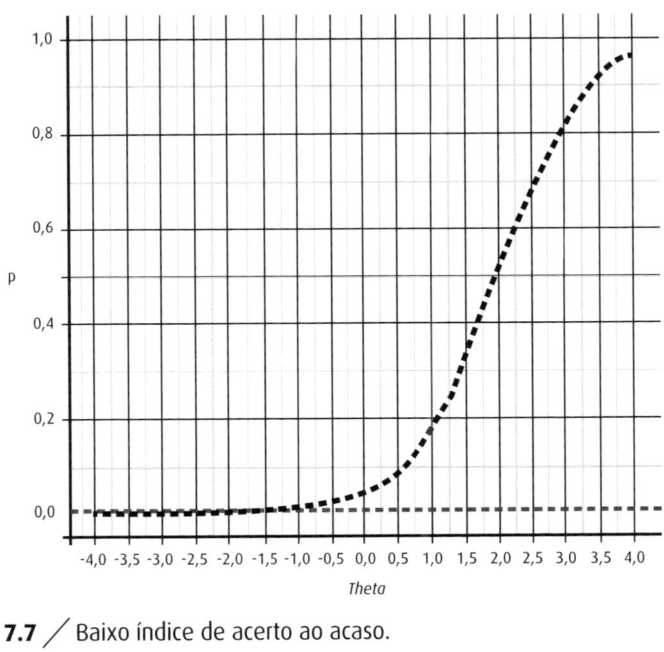

FIGURA 7.7 / Baixo índice de acerto ao acaso.

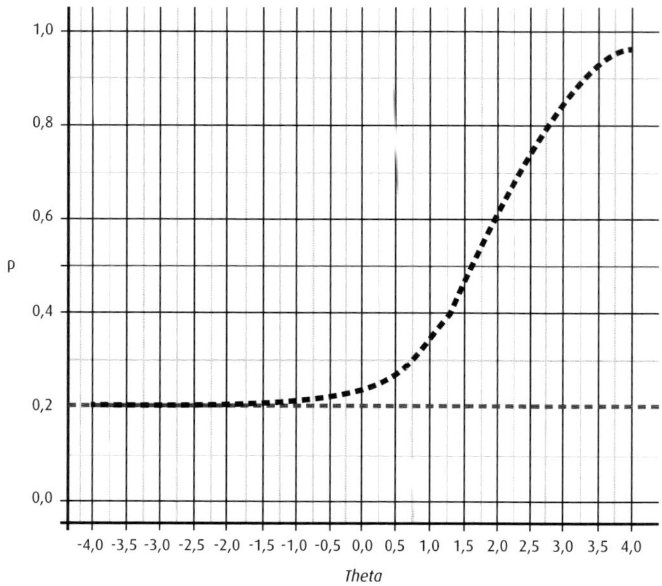

FIGURA 7.8 / Alto índice de acerto ao acaso.

aponta para um item com 20% de probabilidade de ser acertado ao acaso ou por meio de "chute" (visto que o primeiro ponto da curva aparece na altura da probabilidade 20 de acerto), caracterizando um item pior do que o primeiro apresentado ($c = 0{,}2$). A lógica do parâmetro *c* envolve o fato de que, nesse exemplo, sujeitos com nível muito baixo de habilidade (*theta* = -3) apresentam 20% de chance de acertar o item, de modo a indicar que, provavelmente, chutaram e acertaram ao acaso a resposta correta, visto que seu nível de *theta* indicava baixa habilidade. A mesma situação não acontece no primeiro exemplo, em que somente sujeitos com *theta* acima de 0 começam a ter alguma probabilidade, ainda que baixa, de acertar o item, sendo que a mesma probabilidade de 20% somente será alcançada por aqueles com nível de habilidade acima de 1.

Um exemplo da utilização dessas informações na análise de um teste composto por 16 itens é apresentado a seguir. Para cada item, sua curva característica (estimada a partir do cálculo dos parâmetros *a*, *b* e *c*) foi calculada e encontra-se representada na Figura 7.9. Nela, pode-se verificar que os itens encontram-se ordenados de acordo com o nível de dificuldade (parâmetro b), e quanto mais para a esquerda o item se situa, mais fácil ele é. Os parâmetros dos

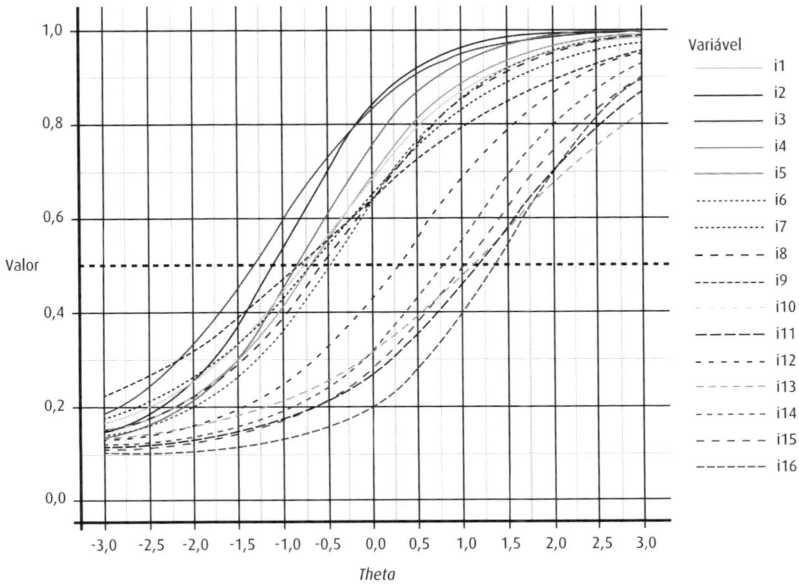

FIGURA 7.9 / Curvas características dos itens.

itens são apresentados na Tabela 7.1. Como se nota, o valor do c está ao redor de 0,10, o que é razoável para testes de múltipla escolha (esse exemplo vem de um teste real de raciocínio com oito alternativas de resposta). Os parâmetros de discriminação também indicam itens de boa qualidade (foi adotado um modelo logístico).

A análise dos parâmetros implica prever que, à medida que aumenta o nível de habilidade dos sujeitos, aumentam as chances de o item ser acertado. Assim, a probabilidade de pontuação em uma determinada característica irá variar de acordo com o nível de habilidade da pessoa para responder naquele nível, bem como de acordo com a dificuldade deste. Conforme já apresentado, conhecendo-se o nível de habilidade de um sujeito e a dificuldade dos itens de um teste, é possível estimar a probabilidade de acerto a cada um dos itens e, de forma conjunta, o padrão de respostas dessa pessoa (Pasquali & Primi, 2003; Primi, 2004).

A análise da hierarquia de dificuldade dos itens – o que significa ter notas baixas, médias e altas em termos de habilidades que vão se acumulando a partir da análise do conteúdos dos itens mais simples aos mais complexos (itens

TABELA 7.1
Exemplo de parâmetro dos itens

Itens	a	b	c
1	1,085	-0,569	0,112
2	1,563	-0,952	0,109
3	1,289	-1,151	0,109
4	1,5	-0,666	0,107
5	1,288	-0,284	0,111
6	1,29	-0,489	0,112
7	0,795	-0,494	0,115
8	1,184	-0,364	0,108
9	1,007	-0,436	0,111
10	1,134	-0,539	0,113
11	1,078	1,386	0,107
12	1,129	0,476	0,107
13	0,864	1,388	0,112
14	1,139	1,217	0,103
15	1,181	0,98	0,109
16	1,36	1,509	0,098

mais fáceis aos mais difíceis) – permite inferir como o construto se estruturou e é representado pelos itens, tornando-se, assim, um método para se estudar a validade de construto do teste e também para se construir interpretações da escala alternativas à referência à norma de grupo (Embretson, 2006; Linacre, 1997; Primi, 2014). Como a TRI estabelece a relação entre a escala e o acerto a cada um dos itens por meio das Curvas Características dos Itens (CCI), é possível calcular expectativas de acerto, podendo-se prever quais itens as pessoas em diferentes níveis de *theta* acertariam. Por exemplo, na Figura 7.9, pessoas com *theta* = -1 teriam mais de 50% de chance de acertar somente dois itens (i2 e i3). Já aquelas com *theta* = 0 teriam mais de 50% de chance de acertar 10 itens (i1 a i10).

Evidentemente, esses resultados são expectativas baseadas no modelo, e, assim como nos demais modelos psicométricos, essa previsão está sujeita a erros. Assim, um passo importante é a análise do ajuste dos dados ao modelo, ou análise dos resíduos, ou seja, a diferença entre a pontuação observada e a prevista pelo modelo (diferença entre o que foi predito pelo modelo e o que foi efetivamente observado), considerando-se tanto itens quanto pessoas (Smith, 2004). Tal análise pode ser utilizada para fornecer indicadores acerca de quão bem cada item está adequado ao modelo, de forma a avaliar o impacto destes individualmente (Bond & Fox, 2001).

Esse conceito é mais facilmente entendido a partir do modelo de Rasch (1960), que, em sua versão original, é um modelo específico da TRI para itens dicotômicos. Nele, apenas a dificuldade dos itens é modelada, enquanto a discriminação e a chance de acertos ao acaso são fixadas em 1 e 0, respectivamente. A noção de resposta esperada (e resíduo) é mais facilmente compreendida nesse modelo, pois a expectativa de acerto ou erro dá-se unicamente pela relação entre a habilidade do sujeito e a dificuldade do item, não levando-se em conta os demais parâmetros considerados nos modelos mais complexos da TRI.

Os resíduos são calculados para cada item, apontando um padrão de respostas não esperado, ou seja, pontuações inesperadas. Se os padrões de respostas das pessoas aos itens são consistentes, espera-se que uma pessoa que tenha uma habilidade (*theta*) maior do que a dificuldade do item acerte-o ou obtenha pontuações mais altas. Se ela errar, ou obtiver pontuações muito baixas, estaremos diante de uma pontuação inesperada. Do mesmo modo, ao contrário, se a pessoa tem uma habilidade (*theta*) mais baixa em relação à dificuldade do item, espera-se que ela forneça respostas com pontuações mais baixas ou erre o item. Se, no entanto, acertá-lo, ou obtiver pontuações muito altas, também estamos diante de uma pontuação inesperada. Isso porque o modelo de Rasch baseia-se em dois princípios: (1) quanto maior a habilidade do sujeito, maior a probabilidade de acertar ou obter pontuações mais altas nos itens, e (2) itens mais fáceis são mais propensos a serem respondidos corretamente/pontuados do que itens mais difíceis (Nakano & Primi, 2014).

Essa verificação de até que ponto as pessoas e os itens são adequados ao modelo é feita por meio dos chamados índices de ajuste. Nesse tipo de análise, as estatísticas mais empregadas são denominadas *infit* e *outfit*. O *infit* tem como função verificar discrepâncias que ocorrem próximo ao nível do traço latente do sujeito (nível de *theta*), de forma que, quanto mais frequentes forem os erros e os acertos inesperados, mais alto esse índice será. O *outfit* também se constitui em uma medida de ajuste sensível a padrões inesperados de respostas, mas somente quando a diferença entre o *theta* e a dificuldade dos itens é muito grande, ou seja, pessoas com *theta* muito alto que não acertam um item com dificuldade muito baixa, ou o contrário, pessoas com *theta* muito baixo que acertam itens com dificuldade muito alta. Dessa maneira, o *outfit* acentua a importância dos resíduos extremos, isto é, pessoas com capacidade alta errando itens fáceis e pessoas com capacidade baixa acertando itens muito difíceis.

Em geral, os valores de *infit* e *outfit* utilizados para o diagnóstico de itens são calculados pela razão do qui-quadrado pelos graus de liberdade. Dessa forma, os valores esperados são próximos de 1,0. Valores superiores indicam ruído não modelado, o que degrada a qualidade da medida. Valores até 1,5 ainda são considerados aceitáveis (Linacre, 2014), especialmente no *infit*, sendo que, em contrapartida, valores abaixo de 0,80 indicam que o item é muito mais discriminativo que a previsão feita pelo modelo; no entanto, tal dado não deve ser alvo de preocupação.

A TRI também permite obter informações mais detalhadas acerca da precisão de medidas. Em tal modelo propõe-se, de fato, uma noção bastante diferenciada sobre precisão em relação ao modelo clássico, que se ampara na noção de que o teste apresenta um nível "x" de precisão e que este se aplica a qualquer magnitude da medida por ele obtida (Embretson & Reise, 2000; Nunes & Primi, 2009). Nos modelos da TRI, entende-se que a precisão da medida varia de acordo com o *theta* obtido e a qualidade dos itens presentes, no teste, na região próxima desse *theta*. Um teste composto por itens com boas propriedades psicométricas, que apresentam um nível de dificuldade concentrado em uma área elevada de *theta*, avaliará com grande precisão indivíduos que apresentam nível de habilidade nessa área. Em contrapartida, o uso do mesmo teste em indivíduos com níveis médios ou baixos de *theta* irá gerar resultados com baixa precisão, visto que os itens não são próprios para a avaliação dessa região de magnitude do construto. Acrescenta-se, ainda, que, de forma prática, um item com elevado nível de discriminação, característica desejada pelos desenvolvedores de testes e psicometristas, é muito especializado, pois contribui com a precisão do teste, especialmente na região bem próxima de *theta*, onde se localiza seu nível de dificuldade. O uso do mesmo item em indivíduos com níveis de habilidade diferenciados com relação a esse item agrega pouca informação à medida.

Desse modo, a noção de precisão proposta nos modelos de TRI está diretamente relacionada à função de informação dos itens. Tal função é derivada das propriedades psicométricas dos itens, especialmente a dificuldade e o índice de discriminação, e indica quão informativos eles são ao longo de toda a região de *theta* possível. Vale notar que a função de informação do item atinge valor máximo no ponto em que se localiza a dificuldade do item e varia conforme sua discriminação. Itens mais discriminativos atingem valores mais elevados de informação, sendo, no entanto, informativos em um intervalo mais restrito de *theta*. Em contrapartida, itens menos discriminativos apresentam nível inferior de informação, mas essa função distribui-se em uma faixa mais ampla de *theta*.

A Figura 7.10 apresenta a curva de informação de um teste composto por 18 itens dicotômicos. É possível verificar que a função de informação do teste apresenta dois picos, sendo que o primeiro deles – o mais elevado – ocorre em uma região de *theta* entre -4 e -3. O segundo pico localiza-se aproximadamen-

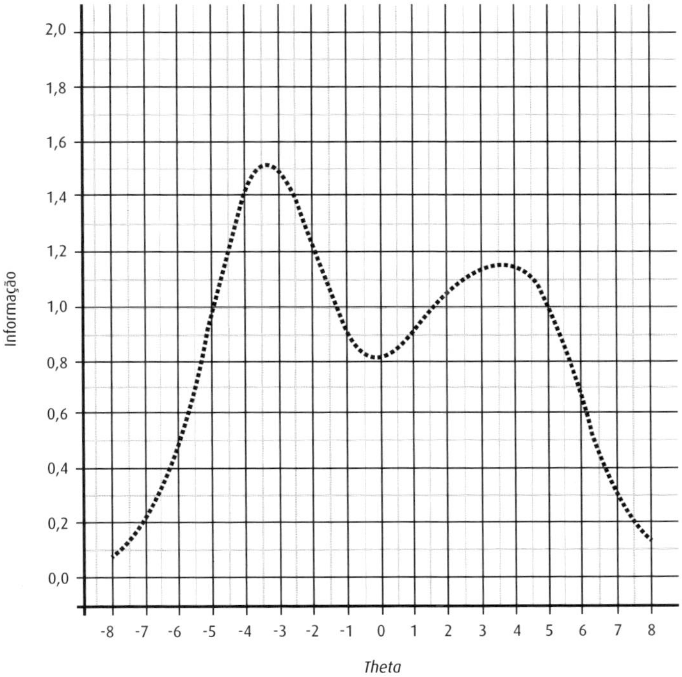

FIGURA 7.10 / Função de informação de um teste.

te na faixa de *theta* que compreende os valores entre +3 e +4. Essas informações indicam que a precisão máxima do teste será obtida para pessoas que apresentam um nível de habilidade baixo (na região onde se localiza o primeiro pico) ou aquelas com nível elevado (na região do segundo pico). Nas demais áreas, principalmente naquelas em que a curva de informação se aproxima de zero, não há itens com boas propriedades psicométricas para a realização de uma boa mensuração, de maneira que a precisão vai se mostrar muito baixa. Nessas áreas, como consequência, as medidas apresentam um erro padrão de medida elevado, conceito inversamente relacionado à função de informação.

MODELOS PARA ESCALAS: CURVAS CARACTERÍSTICAS PARA ITENS POLITÔMICOS

Os modelos de TRI dividem-se dependendo do formato do item, se dicotômico (respostas 0 e 1) ou politômico (0, 1, 2, 3, 4 e 5, por exemplo). Os modelos discutidos até aqui são aplicados no caso de itens dicotômicos, nos quais só é necessário modelar uma resposta (do acerto, escore = 1), uma vez que a curva do erro é derivada P (erro) = 1 – P (acerto). No caso de itens politômicos, com duas ou mais possibilidades de respostas, várias curvas são modeladas. Entre os formatos de itens politômicos, possivelmente o mais adotado é o de escalas tipo Likert, em geral usadas em testes de personalidade e que fazem perguntas como "Quanto você consegue controlar seus sentimentos?", às quais o sujeito responde, por exemplo, 1 – nada, 2 – pouco, 3 – moderadamente, 4 – muito ou 5 – totalmente.

Os modelos desenvolvidos com base no modelo de Rasch (Wright & Masters, 1982) para itens politômicos são chamados de modelo de escalas graduadas (Rasch-Andrich Rating Scale Model) e modelo de créditos parciais (Rasch-Masters Partial Credit Model). Ambos estabelecem a relação entre as respostas aos itens e o *theta* (quantidade de habilidade), assumindo que cada valor crescente na escala de resposta (p. ex., em um item com possibilidade de pontuação de 1 a 5, como citado anteriormente) indica um cumulativo em direção a níveis mais altos dessa habilidade. A diferença básica entre os dois modelos é que, nas escalas graduadas, se presume que os avanços nas pontuações são constantes e iguais para todos os itens, sendo, portanto, mais adequado utilizá-los, por exemplo, para escalas Likert. No modelo de créditos parciais, essa condição é relaxada, de forma a se poder configurar diferentes distâncias entre as pontuações, dependendo do item considerado. Nesse segundo caso, testes com pontuações ilimitadas ou muito amplas podem ser analisados agrupando-se tais possibilidades em faixas de pontuação, com posterior recodificação de valores, por exemplo.

Essas informações podem ser visualizadas na Figura 7.11, que exemplifica a Curva Característica de um Item (CCI) com pontuação de 0 a 8. A CCI apresentada corresponde aos parâmetros estimados para um item do instrumento.

Na linha de base horizontal, situam-se os valores de *theta* (nível de habilidade ou intensidade do traço no sujeito), e, na linha vertical, a probabilidade de acerto/pontuação. Para cada nível de *theta*, torna-se possível verificar as probabilidades de escolha de cada alternativa naquele item, nos casos de escala Likert, ou quantidade de pontuação naquela característica, nos casos de escalas politômicas, visto que cada linha representa uma alternativa ou pontuação.

A curva permite visualizar os limiares (ponto de intersecção/cruzamento entre duas curvas, que determina o valor de *theta* necessário para que o sujeito deixe de obter uma pontuação e passe a obter o próximo valor superior), de forma que o número de limiares é igual ao número de pontos da escala menos 1. O momento em que a curva da pontuação 0 se cruza com a pontuação 1 determina o valor mínimo de *theta* necessário para que a pontuação 1 seja mais provável, e assim por diante.

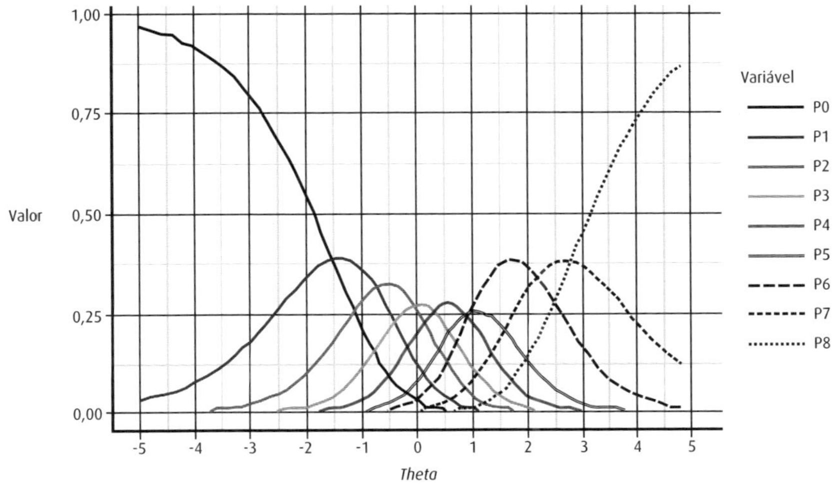

FIGURA 7.11 / Curva característica de um item politômico.

Nesse item (Fig. 7.11), as pontuações vão de 0 a 8, de forma que oito limiares (9 – 1) fazem-se presentes: -1,53, -0,75, -0,05, 0,29, 0,90, 0,99, 2,19 e 2,80. Assim, os sujeitos com valor de *theta* até -1,53 apresentariam maior probabilidade de obter pontuação 0. Sujeitos com valores entre -1,52 e -0,75 provavelmente pontuariam 1, aqueles com valores de *theta* entre -0,74 e -0,05 pontuariam 2, e assim por diante. Dessa maneira, valores de *theta* que se situam acima de cada limiar fazem a pontuação superior passar a ser a mais provável, e, abaixo desse limiar, a pontuação inferior passa a ser a mais provável.

As distâncias entre os limiares possibilitam visualizar os intervalos na dimensão latente associados à probabilidade de se observar uma determinada pontuação, de forma que, quanto mais para a direita as curvas se situarem, maior será a dificuldade do item, visto que o início das pontuações estará associado a um nível mais alto de *theta.* Dessa forma, itens difíceis, que representam extremos na dimensão latente, são representados com limiares altos, mesmo nos casos de obtenção de pontuações baixas, como, por exemplo, 1 ou 2 pontos, para as quais é necessário um valor alto de habilidade (*theta*).

Os modelos permitem estabelecer a relação entre diferentes níveis de habilidade (*theta*) e a pontuação aos itens, de forma a obter padrões de respostas esperadas para cada valor de *theta* por meio da análise do "mapa do construto", ou "mapa de itens" (van der Liden & Hambleton, 1996), que tem sido considerado uma maneira de se estudar a validade de construto do teste (i.e., o que a escala formada pelos itens significa, de maneira a constituir-se em uma proposta de interpretação dos dados). Esse procedimento é a essência do que vem sendo chamado de interpretação referenciada ao item (Embretson, 2006; Embretson & Reise, 2000; Primi, 2014). Isso porque a aplicabilidade direta dessa informação permite verificar as habilidades/capacidades que a pessoa tem, uma vez que, ao examinar os itens acertados ou as respostas assinaladas pelo sujeito (em itens politômicos), também é possível verificar o que cada um deles avalia e, consequentemente, as habilidades que a pessoa domina.

A combinação entre a informação proveniente da dificuldade do item e da habilidade da pessoa irá determinar seu desempenho. Quando a diferença entre a dificuldade do item e a habilidade do indivíduo for maior que zero (de modo que a habilidade do sujeito supera a dificuldade do item), a probabilidade de o acerto ocorrer é alta. Em contrapartida, se a habilidade for inferior à dificuldade do item, provavelmente o mesmo produzirá uma resposta errada. Se a habilidade e a dificuldade forem iguais, a pessoa terá 50% de chance de acertar.

MAPA DO CONSTRUTO/MAPA DE ITENS

O chamado "mapa do construto" consiste na apresentação gráfica das pontuações dos itens em relação ao *theta*, de modo a indicar, para cada nível de *theta*, as pontuações esperadas em cada um deles. Essa informação apresenta, portanto, a combinação de pontuações associada aos diferentes níveis de habilidades da escala. Nesse mapa é possível visualizar as pontuações relativas dos itens e os limiares de transição entre elas, representados pelo símbolo ":" entre duas pontuações. A análise desse mapa traz sugestões sobre como interpretar os níveis da escala em termos dos itens que se espera serem pontuados em cada nível de habilidade. Um exemplo é apresentado na Figura 7.12, que demonstra a aplicação do modelo de créditos parciais.

Para melhor compreensão dos dados que serão apresentados, inicialmente será fornecida uma explicação acerca da interpretação da figura. A última linha horizontal do mapa de itens indica o local em que se localiza a média (M), um desvio-padrão (S) e dois desvios-padrão (T), sendo que o número de sujeitos que obteve aquela faixa de pontuação é apresentado nas três últimas linhas da figura, que devem ser lidas na vertical.

Do lado direito do mapa situam-se os números dos itens, organizados por ordem de dificuldade, estando os difíceis na parte superior do mapa, e os mais fáceis, na parte inferior. De acordo com Bond e Fox (2001), a distância de cada item em relação à linha de base horizontal representa a dificuldade relativa àquele item, de forma que, quanto mais próximo dessa linha de base, mais fácil de se obter pontuação e quanto mais afastado dela, mais difícil. Ao longo da linha de base horizontal situam-se os valores de *theta* (quantidade de habilidade necessária para pontuar naquela característica), de forma que, ao analisarmos cada característica, poderemos ver a quantidade de habilidade necessária para começar a se pontuar em cada uma (local em que os valores de *theta* associam-se aos valores esperados). Assim, quanto mais para a direita se localizam uma característica e suas pontuações, mais difícil ela é.

A seguir, será fornecida, como exemplo, a aplicação do modelo de créditos parciais em um instrumento para avaliação da criatividade (Nakano & Primi, 2014), tendo como objetivo calcular a quantidade média de habilidade criativa (*theta*) necessária ao sujeito para pontuar em cada característica criativa avaliada pelo instrumento (n = 12 divididas em 4 fatores). O mapa de itens apresentado refere-se ao Fator 2 – Emocional, que contempla as características de Expressão de Emoção (nas atividades 1, 2 e 3), Fantasia (atividades 2 e 3) e Títulos Expressivos (atividades 1 e 2). A análise de cada característica encontra-se contemplada em uma linha do mapa de itens.

Assim, analisando-se o mapa de itens, podemos verificar que 228 sujeitos encontram-se na média e que a característica de títulos expressivos, na atividade 2, mostra-se, entre o conjunto, a mais fácil de ser pontuada, visto que a pontuação 1 inicia-se abaixo do valor de *theta* -4, de forma que pessoas com baixas habilidades facilmente pontuam nessa característica. Conforme já comentado, esse item apresenta-se na base do mapa de itens, pois a ordenação ocorre de acordo com o nível de dificuldade do item. Em contrapartida, a característica de Expressão de Emoção, na atividade 3, é a mais difícil de ser pontuada, uma vez que sua pontuação inicia-se no *theta* igual a 3, de forma a exigir bem mais habilidade do sujeito para que haja pontuação nesse item. Por esse motivo, apresenta-se no topo do mapa de itens.

```
|----------+----------+----------+----------+----------+----------| NUM
-5        -3         -1          1          3          5          7
              111112
     1  3 4 78010210773
2    7  519 6500 5 68286726351
          T   S   M   S   T

-6     -5     -4     -3     -2     -1      0      1      2      3
|------+------+------+------+------+------+------+------+------|  NUM  I
0                                                 0     :      1   27  emo3
0                                      0   :    1    :     2   2   28  fant3
0                                      0  :   1  : 2  :    3   3   14  emo2
0                                      0  :     1   :    2     2   15  fant2
0                                  0    :    1    :      2     2    3  emo1
0              0       :           1            :        2     2    9  tit1
0 0   :   1  :  2 :  3  :     4                                4   22  tit2b
```

FIGURA 7.12 / Mapa de itens do Fator 2 do Teste de Criatividade Figural Infantil.

A análise do mapa de itens indicou que pessoas com habilidade média pontuam basicamente entre 1 e 2 no item título expressivo, indicando a capacidade de abstrair um aspecto do desenho e expressar emoções e sentimentos verbalmente. Pontuações localizadas entre a média e dois desvios-padrão das notas desse fator refletem aumento no número de títulos expressivos. Somente acima de dois desvios-padrão é que começam a aparecer pontuações em indicadores que envolvem a criação de desenhos com fantasia e a expressão de emoção e sentimentos.

Assim, podemos notar que a magnitude de habilidade necessária para pontuar em cada item é bastante diferente, de forma que a análise desse mapa de itens permite identificar as características que melhor diferenciam os sujeitos com maior pontuação no instrumento e maior nível de habilidade no construto avaliado (a partir da visualização das características que exigem maior nível de habilidade, ou seja, aquelas que são pontuadas somente pelos sujeitos que apresentam um *theta* acima da média). É importante salientar que, de acordo com um dos princípios do modelo, os sujeitos que obtêm pontuação nas características que apresentam maior dificuldade (localizadas na parte superior do mapa de itens) provavelmente também pontuarão nas características que exigem menor *theta,* ou seja, aquelas que se situam abaixo dela no mapa de itens. Caso isso não ocorra, estaremos diante de um desajuste, já apresentado anteriormente (*infit* ou *outfit*).

Especificamente no processo de construção de testes psicológicos, a TRI vem sendo amplamente utilizada, dada sua possibilidade de construção de diferentes interpretações da escala, alternativas à referência à norma (Linacre, 1997), normalmente utilizada na psicometria clássica. Nesta, a interpretação do resultado de uma pessoa é feita por meio do procedimento de normatização, que consiste na comparação de uma pontuação específica com os escores derivados de um grupo de referência, de maneira a localizar sua posição relativa em relação ao grupo, por meio de alguma escala padronizada, tal como o percentil. Essa informação estatística é usada para interpretar o nível de habilidade dos sujeitos. Dessa maneira, a única informação a ser obtida limita-se à interpretação acerca de quão bom ou ruim foi o desempenho de uma pessoa quando comparada com um grupo de referência. Entretanto, pouco se conhece acerca dos processos mentais que ocorrem na resolução dos itens que compõem o teste (e, consequentemente, cada conteúdo abordado), os quais culminam nas diferenças observadas no desempenho.

O emprego de determinados modelos da TRI tornou possível outro tipo de sistema de interpretação das escalas fazendo-se referência aos itens do teste. Como a TRI estabelece a relação entre a escala e o acerto a cada item por meio das CCI, abordadas anteriormente, torna-se possível calcular expectativas de acerto e, consequentemente, prever quais itens pessoas em diferentes níveis na escala tendem a acertar (Nakano & Primi, 2014). A análise qualitativa desses itens torna possível, assim, a definição da melhor escala de habilidade implicada por eles, de modo que a análise da hierarquia de dificuldade dos itens – o que significa ter notas baixas, médias e altas em termos de habilidades que vão se acumulando a partir da análise do conteúdo presente nos itens mais simples aos mais complexos – permite inferir acerca de como o construto se estruturou e é representado pelos itens, tornando-se, assim, um método para se estudar a validade de construto do teste (Embretson, 2006). Um exemplo dessa aplicação pode ser visualizado na Figura 7.13 (Primi, 2014).

De acordo com a figura, pode-se verificar a relação entre o nível de habilidade do sujeito (cujos valores se encontram expressos na linha horizontal de base da figura – intitulada "logit") e o índice de dificuldade dos itens (com exemplo de seu conteúdo). Nesse exemplo, um sujeito com nível de *theta* de -1,5 provavelmente acertará somente o primeiro item, mais simples. Um sujeito com *theta* 0 provavelmente acertará os itens 1 a 4, sendo que os itens 5 e 6 somente serão acertados por sujeitos com níveis de habilidade maiores do que 1,25 e 1,50, respectivamente. Ao longo da escala também se apresentam as informações normativas (percentis) de um grupo de universitários. De acordo com a complexidade de cada item e o tipo de conteúdo exigido para sua resolução, pode-se fazer inferências acerca dos domínios apresentados pelo indivíduo.

FUNCIONAMENTO DIFERENCIAL DOS ITENS

De acordo com Nunes e Primi (2010), procedimentos mais atuais de análise dos itens têm adotado, gradualmente, a análise de Funcionamento Diferen-

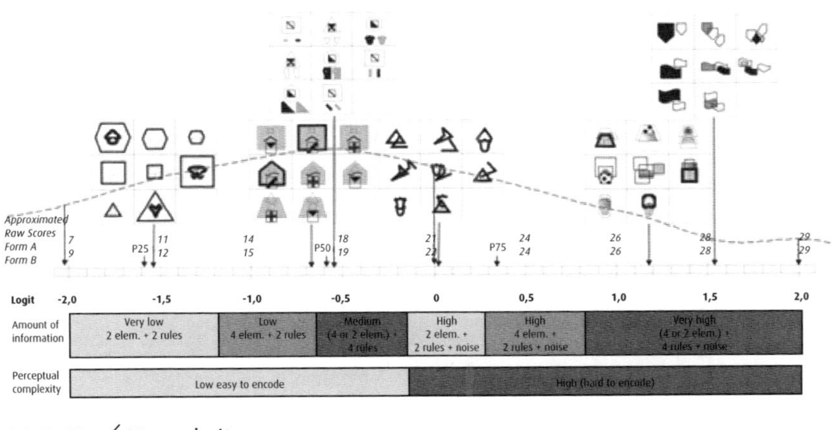

FIGURA 7.13 / Mapa de itens.

cial dos Itens (DIF), que se constitui como uma das possibilidades de análise oferecida pela TRI. Tal procedimento de análise representa uma tendência de funcionamento diferente de um item em dois ou mais grupos distintos, de modo a favorecer determinado grupo. Essa análise geralmente se refere à verificação da ocorrência de viés nos itens em relação a variáveis como sexo, escolaridade, região do país, entre outras. Um item com DIF para sexo, por exemplo, apresenta expectativas de respostas diversas entre homens e mulheres, ou seja, probabilidades de acertos diferentes para pessoas com o mesmo nível de habilidade/mesmo valor de *theta* (Primi, Carvalho, Miguel, & Silva, 2010).

Segundo Nunes e Primi (2010), o DIF procura verificar se pessoas com o mesmo nível de habilidade têm probabilidade de acertos (ou respostas) diferentes ao item. Se essas pessoas têm a mesma habilidade, não importa de que grupo façam parte, deveriam ter a mesma chance de escolher uma pontuação no item. Se isso não ocorre, há a presença de DIF, o que pode afetar outros parâmetros psicométricos do teste, principalmente os normativos, gerando-se vieses que favorecem certos grupos e prejudicam outros.

Se você avaliar dois grupos diferentes, mas com a mesma média de habilidade (*theta*), e encontrar dificuldades diferentes (considerando-se a probabilidade, chamada de Mantel-Haenzel na TRI), pode-se afirmar a existência de DIF. Caso as diferenças não indiquem significância probabilística, não se considera o DIF, sendo, por esse motivo, importante verificar a significância dessa diferença. Na visualização das curvas características dos itens, curvas diferentes serão verificadas, uma para cada grupo.

Uma explicação do DIF é a presença de outras dimensões, além daquela principal, que influenciam a resposta que se imagina que um teste esteja medindo. Assim, se pessoas com o mesmo nível de habilidade no teste (dimensão principal) em dois grupos distintos têm mais chances de escolher uma ou outra alternativa, então pode-se desconfiar de um segundo fator envolvido que diferencia os grupos, alterando o parâmetro de dificuldade dos itens. Um exemplo de análise de funcionamento diferencial dos itens é apresentado a seguir (Tab. 7.2). Para interpretá-la, a coluna "person class" indica a dificuldade de cada grupo analisado. Na primeira coluna, da esquerda, os índices de dificuldade para o grupo 1 (feminino) e a quarta coluna para o grupo 2 (masculino). A diferença entre as probabilidades dos dois grupos está representada na coluna "DIF constrast", cujo sentido, positivo ou negativo, oscila somente em função da ordem de inserção dos grupos. Assim, o foco é o valor dessa diferença, e não se positiva ou negativa. Por fim, a coluna Mantel-Haenzel apresenta a significância da diferença encontrada entre os grupos, cuja análise indicará ou não a presença de DIF. O número do item considerado é apresentado na última coluna "Item #".

TABELA 7.2
DIF para gênero

PERS CLASS	DIF MEAS.	DIF S.E.	PERS CLASS	DIF MEAS.	DIF S.E.	DIF CONTR.	JOINT S.E.	t	Welch d.f.	Prob.	Mantel Prob	Hanzl Size	Item #
1	0,13	0,06	2	0,13	0,06	0	0,09	0	158	1	0,6389	0,15	1
1	-0,25	0,07	2	-0,16	0,07	-0,09	0,1	-0,95	158	0,3452	0,1263	-0,51	6
1	0,37	0,06	2	0,14	0,06	0,23	0,09	2,67	158	0,0085	0,0483	0,63	23
1	-0,09	0,06	2	0,09	0,06	-0,19	0,09	-2,11	158	0,036	0,08	-0,58	31
1	-0,11	0,07	2	-0,11	0,06	0	0,09	0	158	1	0,6831	-0,13	33
1	0,4	0,06	2	0,29	0,06	0,11	0,09	1,27	158	0,2059	0,6364	0,16	36
1	-0,05	0,06	2	-0,05	0,06	0	0,09	0	158	1	0,8748	-0,06	42
1	0,28	0,06	2	0,28	0,06	0	0,08	0	158	1	0,7253	-0,11	44
1	-0,48	0,08	2	-0,29	0,07	-0,19	0,11	-1,75	157	0,0824	0,0175	-0,89	49
1	-0,21	0,07	2	-0,12	0,06	-0,09	0,09	-0,96	158	0,3384	0,9542	0,02	113
1	-0,16	0,07	2	-0,24	0,07	0,08	0,1	0,83	158	0,4082	0,3053	0,35	115
1	-0,36	0,08	2	-0,14	0,07	-0,21	0,1	-2,16	158	0,0326	0,1162	-0,51	126

Nesse exemplo, podemos verificar que dois itens apresentaram funcionamento diferencial (itens 23 e 49). No primeiro deles, o grupo das mulheres apresenta dificuldade de 0,37, enquanto o dos homens apresenta dificuldade de 0,14, sendo a diferença significativa (p = 0,048). Assim, o item parece ser mais difícil para as mulheres, visto que, para obter 50% de chance de acerto, elas têm que apresentar um nível maior de habilidade, *theta*, de 0,37, ao passo que, nos homens, um valor de 0,14 já seria suficiente para garantir a mesma probabilidade de acerto. Já no item 49, a situação se inverte. Para as mulheres acertarem o item, um *theta* de -0,48 já será suficiente para garantir 50% de probabilidade de acerto, ao passo que os homens deverão apresentar nível maior de habilidade (-0,29) para conseguir a mesma probabilidade. Desse modo, o item mostra-se mais difícil para o sexo masculino (probabilidade Mantel-Haenzel de 0,0175).

A importância desse tipo de análise, segundo Nunes e Primi (2010, p. 121), ampara-se na constatação de que "... a presença de DIF indica que uma segunda dimensão tem importância não negligenciável e os subgrupos com características distintas têm notas diferentes nessa segunda dimensão, que, se não tratados, se confundem com os resultados da primeira". Portanto, os estudos de DIF verificam as influências que uma segunda dimensão, especialmente relacionada a subgrupos compostos por variáveis distintas, tem nos itens do instrumento, alterando sua dificuldade. O problema efetivamente se constitui quando os itens que apresentam DIF prejudicam de forma consistente o mesmo grupo, pois, quando somados, podem produzir diferenças no escore entre esses grupos que não se relacionam, de fato, ao construto medido. A ausência de DIF, em contrapartida, indica que a medida é equivalente em relação aos grupos considerados. A existência de muitos itens com DIF que apontam para o mesmo sentido, prejudicando sempre o mesmo grupo, acaba por fazer a interpretação dos resultados ser injusta caso alguma solução não seja adotada pelo pesquisador (Linacre, 2014).

QUESTÕES

1. Indique, nas frases a seguir, quais são verdadeiras ou falsas:

   a) ( ) A TRI utiliza, em suas análises, as respostas dadas aos itens. Dessa forma, o conjunto dos itens que compõem o teste não é relevante.

   b) ( ) A TRI supera a TCT em muitos aspectos. Por esse motivo, considera-se que ela substituiu a TCT e deve ser compreendida como modelo atual da psicometria.

   c) ( ) Apesar de a TRI poder estimar parâmetros de itens independentemente da amostra, para que isso ocorra, é necessária uma variabilidade suficiente e tamanho adequado na amostra.

2. De acordo com os modelos de TRI, um item com elevada discriminação:

a) Contribui para gerar informações ao teste especialmente na região do *theta*, onde está a sua dificuldade.
b) É capaz de diferenciar pessoas com variados níveis de habilidade em toda a região de *theta* possível (de -4 a 4).
c) Deve apresentar uma dificuldade entre -1 e +1, região que concentra a maioria das pessoas avaliadas.

3. Sobre as diferenças da TRI para a interpretação de medidas, é correto afirmar que:

a) Não permite o uso de sistemas baseados em normas.
b) Oferece a possibilidade de interpretação baseada nos padrões de respostas dos indivíduos e nas características específicas dos itens.
c) Como os parâmetros dos itens pela TRI são invariantes independentemente da amostra usada, suas normas são universais.

4. A ocorrência de DIF em um conjunto de itens representa que:

a) Os grupos apresentam níveis diferentes no construto avaliado.
b) A chance de acerto ao acaso é diferente entre os grupos.
c) Esses itens apresentam probabilidades de respostas diferentes para indivíduos com *theta* semelhantes, mas que fazem parte de grupos diferentes.

5. Sobre os indicadores de desajustes de itens *infit* e *outfit*, é correto afirmar que:

a) Avaliam se o item apresenta uma dificuldade compatível com o nível de habilidade da amostra.
b) São fortemente influenciados pelo parâmetro *c* (chance de acerto ao acaso) da TRI, tendo valores mais elevados quando o *c* é maior.
c) Indicam se o padrão de respostas das pessoas foi compatível com o esperado pela TRI, considerando sua habilidade e os parâmetros dos itens.

RESPOSTAS: 1a = F; 1b = F; 1c = V; 2 = a; 3 = b; 4 = c; 5 = c.

REFERÊNCIAS

Bond, T. G., & Fox, C. M. (2001). *Applying the rash model: Fundamental measurement in the human sciences*. London: Lawrence Erlbaum Associates.

De Boeck, P., & Wilson, M. (Eds.) (2004). *Explanatory item response models: A generalized linear and nonlinear approach*. New York: Springer.

Embretson, S. E. (2006). The continued search for nonarbitrary metrics in psychology. *American Psychologist, 61*(1), 50-55.

Embretson, S. E., & Reise, S. P. (2000). *Item response theory for psychologists*. Mahwah: Lawrence Erlbaum Associates.

Hambleton, R. K., & Swaminatham, H. (1985). *Item response theory: Principles and applications*. Boston: Kluwer.

Linacre, J. M. (1997). KR-20 or Rasch reliability: Which tells the "truth"? *Rasch Measurement Transactions, 11*(3), 580-581.

Linacre, J. M. (2014). *Winsteps® Rasch measurement computer program*. Beaverton: Winsteps.com.

Loken, E., & Rulison, K. L. (2010). Estimation of a four-parameter item response theory model. *British Journal of Mathematical and Statistical Psychology, 63*(3), 509-525.

Nakano, T. C., & Primi, R. (2014). Rasch-master's partial credit model in the assessment of children's creativity in drawings. *The Spanish Journal of Psychology, 17*, E35.

Nunes, C. H. S. S., & Primi, R. (2009). Teoria de resposta ao item: Conceitos e aplicações na psicologia e na educação. In C. S. Hutz (Org.), *Avanços e polêmicas em avaliação psicológica* (pp. 25-69). São Paulo: Casa do Psicólogo.

Nunes, C. H. S. S., & Primi, R. (2010). Aspectos técnicos e conceituais da ficha de avaliação dos testes psicológicos. In A. A. A. dos Santos, A. A. Anache, A. E. de Villemor-Amaral, B. S. G. Werlang, C. T. Reppold, C. H. S. S. Nunes, ... R. Primi (Orgs.), *Avaliação psicológica: Diretrizes na regulamentação da profissão* (pp. 101-127). Brasília: CFP.

Pasquali, L. (2007). *Teoria de resposta ao item: Teoria, procedimentos e aplicações* Vol. 1). Brasília: LabPAM/UnB.

Pasquali, L., & Primi, R. (2003). Fundamentos da teoria da resposta ao item: TRI. *Avaliação Psicológica, 2*(2), 99-110.

Primi, R. (2004). Avanços na interpretação de escalas com a aplicação da teoria de resposta ao item. *Avaliação Psicológica, 3*(1), 53-58.

Primi, R. (2012). Psicometria: Fundamentos matemáticos da teoria clássica dos testes. *Avaliação Psicológica, 11*(2), 297-307.

Primi, R. (2014). Developing a fluid intelligence scale through a combination of Rasch modeling and cognitive psychology. *Psychological Assessment, 26*(3), 774-788.

Primi, R., Carvalho, L. F., Miguel, F. K., & Silva, M. C. R. (2010). Análise do funcionamento diferencial dos itens do Exame Nacional do Estudante (ENADE) de psicologia de 2006. *Psico-U SF, 15*(3), 379-393.

Rasch, G. (1960). *Probabilistic models for some intelligence and attainment tests*. Copenhagen: Danish Institute for Educational Research.

Smith, E. V. (2004). Detecting and evaluating the impact of multidimensionality using the fit statistics and principal component analysis of residuals. In E. V. Smith, & R. M. Smith (Eds.), *Introduction to Rasch measurement: Theory, models and applications* (pp. 575-600). Minnesota: JAM.

van der Liden, W. J., & Hambleton, R. K. (1996). *Handbook of modern item response theory*. New York: Springer.

Vieira, M. J., Ribeiro, R. B., Almeida, L., & Primi, R. (2011). Comparação de modelos da Teoria de Resposta ao Item (TRI) na validação de uma prova de dependência-independência de campo. *Avaliação Psicológica, 10*(1), 63-70.

Wright, B. D., & Masters, G. N. (1982). *Rating scale analysis*. Chicago: MESA.

8

ANÁLISE DE REDE APLICADA À PSICOMETRIA E À AVALIAÇÃO PSICOLÓGICA

Wagner de Lara Machado
João Vissoci
Sacha Epskamp

Este capítulo apresenta a análise de rede e discute algumas de suas aplicações na psicometria e na avaliação psicológica, com o objetivo de proporcionar ao leitor uma visão ampla e, ao mesmo tempo, aplicada dessa técnica com o auxílio de alguns exemplos práticos. Esses exemplos podem ser implementados no *software* gratuito Linguagem R ou em uma interface de uso chamada RStudio, em suas mais recentes versões. Mesmo um pesquisador iniciante pode aplicar esses exemplos em dados de domínio público ou próprios, seguindo os códigos aqui publicados. O capítulo está divido em três seções: princípios da análise de rede e sua relação com outros modelos psicométricos; tipos de rede e exemplos de aplicação; e impactos na psicometria e na avaliação psicológica.

Destacamos que, para a realização das análises apresentadas neste capítulo, seguimos um protocolo de pesquisa reprodutível (Vissoci et al., 2013) que envolve a publicação de um banco de dados para análises (mais bem descrito adiante).

PRINCÍPIOS DA ANÁLISE DE REDE E SUA RELAÇÃO COM OUTROS MODELOS PSICOMÉTRICOS

De acordo Barabási (2012), a ciência de rede é um paradigma emergente em diversas áreas, como a física, a biologia, as ciências da computação e as ciências sociais. A ciência de rede contrasta o paradigma reducionista, na medida em que tenta conter a complexidade dos fenômenos que são objetos de estudo, e diferencia-se do paradigma da complexidade – muito presente no discurso científico –, principalmente por sua aplicabilidade. Redes são modelos matemáticos, baseados em dados empíricos, que combinam diferentes algoritmos e técnicas gráficas. As redes superam as principais limitações de outras técnicas analíticas, pois são capazes de representar modelos multivariados, recursivos e não recursivos (que incluem *feedbacks* e/ou efeitos recíprocos), e de séries temporais de modo relativamente simples do ponto de vista computacional, somado a uma interpretação intuitiva dos resultados. Ainda, incorporam facilmente ferramentas avançadas em análise estatística, como técnicas de reamostragem (*bootstrapping*), inferência bayesiana e *machine learning*.

Uma rede consiste na representação, em geral gráfica, de um sistema constituinte de variáveis ou objetos (nodos) e as relações entre esses elementos (caminhos, linhas ou setas). Duas categorias são suficientes para classificar os tipos de rede: não ponderadas *versus* ponderadas e não direcionais *versus* direcionais. As redes não ponderadas são utilizadas, por exemplo, em áreas como a epidemiologia na representação de modelos de doenças infectocontagiosas em uma determinada população. Nessas redes, as linhas indicam apenas a presença de uma relação entre nodos (pessoas), sem considerar qualquer magnitude dela.

Já nas redes ponderadas, as linhas indicam, além da relação entre nodos, a magnitude dessas relações. Um exemplo de redes ponderadas seria um estudo sobre fatores de risco de um determinado desfecho, em que as linhas representariam a força e a valência da associação entre as variáveis. Nas redes ponderadas, as linhas variam de cor (direção da associação) e espessura ou intensidade de cor (magnitude da associação). Por padrão, a cor verde indica relações positivas entre variáveis, enquanto a cor vermelha, relações negativas. Ainda, as linhas podem ser substituídas por setas quando expressam o fluxo de influência entre variáveis, podendo, ainda, ser bidirecionais em desenhos de medidas repetidas. Diferentes informações podem servir de *input* para uma rede, como matrizes de distâncias, vizinhanças ou correlações.

Para visualizar esses conceitos básicos da análise de rede, construímos alguns códigos de programação muito simples. Para utilizá-los, abra seu *software* Linguagem R e/ou, utilizando o RStudio, instale e carregue o pacote "qgraph" com a função do pacote base chamada *install.packages* (i) e carregue para uso com a função *library* (ii) (Epskamp, Cramer, Waldorp, Schmittmann, & Borsboom, 2012):

```
(i)  install.packages("qgraph")
(ii) library(qgraph)
```

Com esse pacote, você conseguirá implementar todas as funções utilizadas neste capítulo. Primeiro, você vai criar uma lista de caminhos conectando três elementos (1, 2 e 3). O objeto E1 (iii) é composto por uma matriz 3X2, ou seja, com três linhas e duas colunas (Fig. 8.1). Execute:

```
(iii) E1<-data.frame(from=c(1,1,2),to=c(2,3,3))
print(E1)
```

```
  from to
1    1  2
2    1  3
3    2  3
```

FIGURA 8.1 / Matriz de elementos e caminhos.

Em seguida, para visualizar exemplos de redes não direcionais e direcionais com os dados de E1 (iii), execute os comandos *qgraph* (iv). É possível perceber, na Figura 8.2, que o que diferencia as duas redes é simplesmente a presença ou a ausência da direcionalidade das relações entre os elementos. Ainda, nota-se que em ambas as redes as relações (setas ou linhas) não são ponderadas.

```
(iv) qgraph(E1)
     qgraph(E1,directed=FALSE)
```

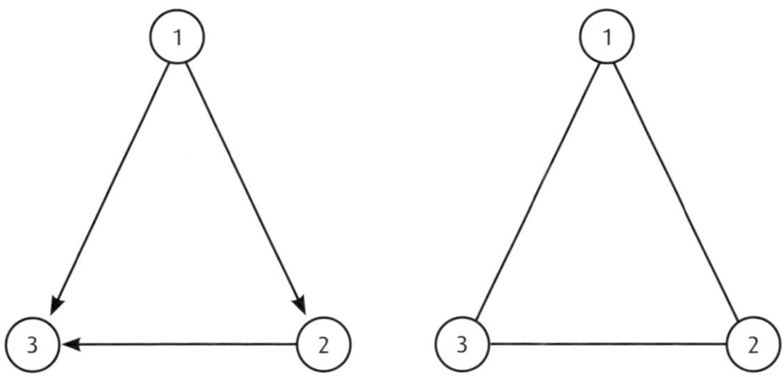

FIGURA 8.2 / Redes não ponderadas direcionais (esquerda) e não direcionais (direita).

Agora, um exemplo de rede ponderada, aquela na qual as linhas ou setas representam magnitudes e valências dos relacionamentos entre os nodos. Primeiro, construa uma nova matriz de elementos (E2) (v), incluindo os pesos (*weight*) dos caminhos. É importante notar que, embora a matriz tenha o mesmo número de elementos, ela é assimétrica, pois o pacote "qgraph" interpreta matrizes simétricas como de correlações ou autocorrelações (Fig. 8.3). Para obter a matriz, digite no console:

(v)
```
E2 <- data.frame(from = c(1,1,2,1), to = c(2,3,3,1), weight = c(1,3,-2,0))
print(E2)
qgraph(E2,layout="circle")
qgraph(E2,directed=FALSE)
```

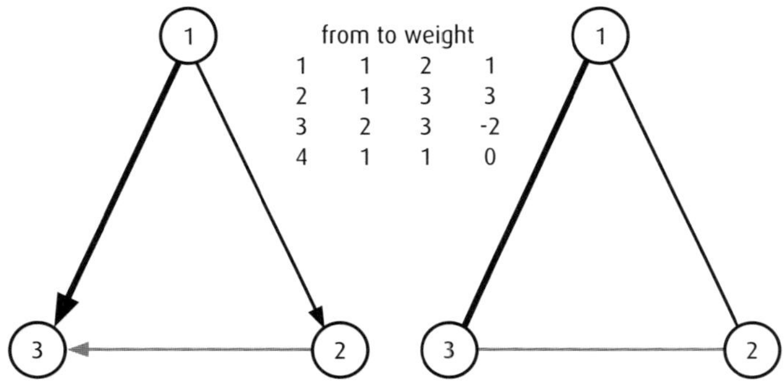

FIGURA 8.3 / Matriz de elementos, caminhos e pesos, redes ponderadas direcionais (esquerda) e não direcionais (direita).

Uma possibilidade ao construir redes é utilizar algoritmos de posicionamento. O pacote "qgraph" trabalha com o algoritmo Fruchterman-Reingold (Fruchterman & Reingold, 1991), método que posiciona as variáveis (nodos) do sistema de modo que:

a) após um estado inicial de repulsão entre todas as variáveis, aquelas que mantêm relações de maior magnitude são atraídas entre si, e as que mantêm relações de baixa magnitude ou nula são repelidas; e
b) o nodo mais central é aquele que, na medida, representa relações de grande magnitude com os demais nodos do sistema.

Para esse exemplo, utilize os seguintes códigos (vi) para criar a matriz de elementos, caminhos e pesos (Fig. 8.4):

(vi)
```
E3 <- data.frame(from = c("B","A","B","A"), to = c("A","C","C","A"), weight =
c(-2,0.5,2,0))
print (E3)
```

	from	to	weight
1	B	A	-2,0
2	A	C	0,5
3	B	C	2,0
4	A	A	0,0

FIGURA 8.4 / Matriz de elementos, caminhos e pesos reespecificada.

E, com a função *qgraph*, chame os gráficos representativos das redes (vii):

```
(vii) qgraph(E3,directed=FALSE)
      qgraph(E3,layout="circle")
      qgraph(E3)
      qgraph(E3,directed=FALSE,layout="spring")
```

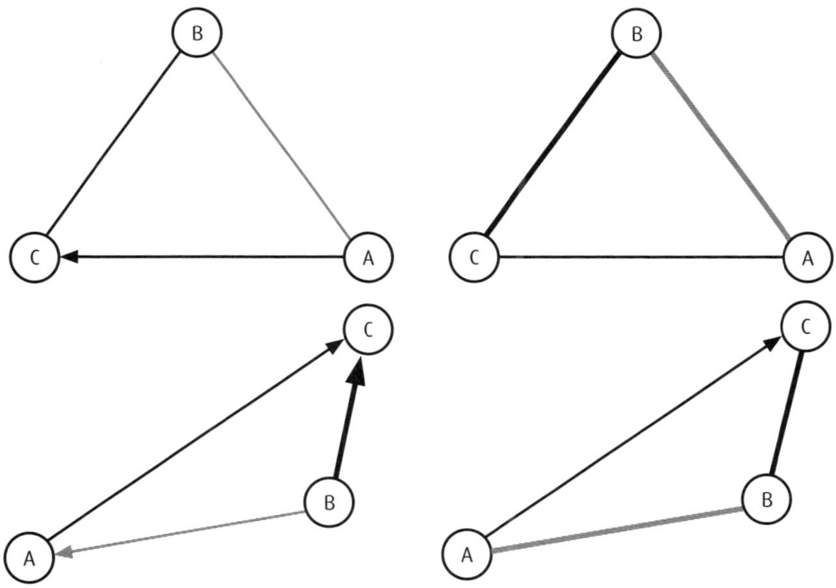

FIGURA 8.5 / Redes ponderadas, direcionais e não direcionais, sem (acima) e com (abaixo) o emprego do algoritmo de posicionamento.

Pode-se observar, na Figura 8.5, que o algoritmo modifica o posicionamento das variáveis no sistema, seguindo os dois princípios citados. Percebe-se que mesmo apresentando relação de mesma magnitude com os nodos A e C, o nodo B está mais próximo deste último, devido à força de repulsão entre A e B. É relevante salientar o quanto a utilização do algoritmo Fruchterman-Reingold torna intuitiva a interpretação das relações entre as variáveis da rede, devido a sua lógica de distribuição espacial.

Após a apresentação e demonstração dos princípios da arquitetura e da dinâmica das redes, é possível estender sua aplicação aos dados de instrumentos psicométricos. É necessário salientar que a análise de rede não é apenas uma alternativa analítica para instrumentos psicométricos – é uma mudança de paradigma.

Os modelos psicométricos postulam que um conjunto de indicadores ou itens de um teste pode ser utilizado para estimar um ou mais escores verdadeiros ou traços latentes. Assim, os itens seriam uma função de um escore verdadeiro ou traço latente, mais a influência de outros poucos parâmetros. Apesar de seu uso consolidado e inovações recentes, esses modelos enfrentam algumas limitações.

Em relação a alguns construtos (traços), discute-se sua natureza ontológica ou mesmo a possibilidade de demonstrar empiricamente sua relação de causalidade com os itens de um teste. Não são suficientemente claros e consensuais os critérios de escolha entre modelos formativos e reflexivos e quais seriam as propriedades desejáveis dos indicadores em cada um deles em termos de consistência interna, covariância e conteúdo.

Ainda, esses modelos não contemplam interações recíprocas traço-indicador e indicador-indicador ao longo do tempo (Bollen & Lennox, 1991; Borsboom, Mellenbergh, & Van Heerden, 2004; Schimittmann et al., 2013).

No paradigma da ciência de rede, os construtos psicológicos são os sistemas que emergem da análise empírica de comportamentos, afetos e crenças, sua arquitetura e dinâmica (Schimittmann et al., 2013). Para ilustrar como a análise de rede pode ser implementada em instrumentos psicométricos, será utilizado um simples exemplo. Tome como referência um conjunto de cinco itens, respondidos em uma escala do tipo Likert de 5 pontos, utilizado para avaliar um determinado traço. Para construir a matriz de correlação (viii) entre os itens (Fig. 8.6), use o comando:

```
(viii) Mat1 <- matrix( c(0, 0.5, 0.4, 0.4, 0.2, 0, 0, 0.5, 0.1, 0.4, 0, 0, 0, 0.1, 0.4,
       0, 0, 0, 0, 0.2, 0, 0, 0, 0, 0) ,5 ,5)
       print(Mat1)
```

	[0,1]	[0,2]	[0,3]	[0,4]	[0,5]
[1,0]	0,0	0,0	0,0	0,0	0
[2,0]	0,5	0,0	0,0	0,0	0
[3,0]	0,4	0,5	0,0	0,0	0
[4,0]	0,4	0,1	0,1	0,0	0
[5,0]	0,2	0,4	0,4	0,2	0

FIGURA 8.6 / Matriz de correlações entre os cinco itens.

Agora, é possível atribuir nomes (xi), legendas (x) e visualizar a rede (xi) resultante da matriz de correlação utilizando-se as seguintes instruções:

(xi) Labels<- LETTERS[1:5]
(x) Names<-c("Item A", "Item B", "Item C", "Item D", "Item E")
(xi) qgraph(Mat1, labels = Labels, nodeNames = Names, layout = "spring", directed=FALSE)

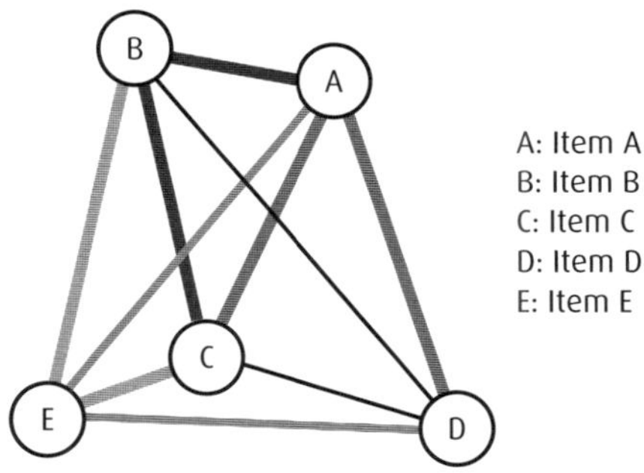

FIGURA 8.7 / Rede da matriz de correlação dos itens com o uso do algoritmo de posicionamento.

É possível perceber que, na média, os itens apresentam correlações moderadas entre si, o que é esperado tendo em vista o fato de servirem como indicadores de um mesmo traço. Contudo, a análise de rede permite visualizar algumas características do sistema de relações dos itens de forma mais simples e intuitiva (Fig. 8.7). O item D, por exemplo, aparece deslocado e distante dos demais. Ele tem forte associação apenas com o item A e correlações fracas com os demais itens da escala. Em uma análise fatorial confirmatória (método de extração *weighted least squares mean- and variance-adjusted*, WLSMV), esse item tem carga de 0,36, limítrofe, porém aceitável. O conjunto de itens tem consistência interna de $\alpha = 0{,}71$, portanto, minimamente aceitável. A retirada do item D causa um efeito paradoxal indesejado por qualquer psicometrista: aumenta a consistência interna e diminui o ajuste do modelo.

Dessa forma, a análise de rede auxilia o pesquisador no diagnóstico conjunto de itens mediante a representação gráfica de suas relações. Assim, ele poderia decidir sobre manter ou não um item dependendo do seu conteúdo e daqueles itens aos quais ele estaria mais relacionado. Ainda, poderia incluir outros indicadores se seu interesse fosse avaliar a relação de cada item com os demais, em vez de avaliar um escore geral ou modelado, perdendo informação relevante para a compreensão do fenômeno. Nesse exemplo com apenas cinco itens, o leitor pode se sentir impelido a pensar que uma simples inspeção da matriz de correlações seria suficiente para chegar às mesmas conclusões. Nós julgamos que não. Primeiro, o pesquisador teria que reter informações cruzadas sobre as relações entre todos os pares de itens, e, em segundo lugar, isto seria inimaginável em matrizes com muitos elementos (p. ex., uma escala psicométrica de 30 itens dá origem a uma matriz com 435 coeficientes de correlação).

As redes ainda fornecem características dos itens semelhantes àquelas obtidas por outros meios analíticos. Por exemplo, a medida de centralidade de um nodo (que denota a força da associação com os demais) recupera a informação obtida por meio de pesos fatoriais e parâmetros de discriminação em modelos de traço latente. Para fazer uma comparação, foi simulada a matriz empírica de 10 itens dicotômicos em 100 observações, com o auxílio do *software* WinGen (Han, 2007). Foi utilizado o modelo logístico de dois parâmetros, tendo distribuição normal do parâmetro de dificuldade e o parâmetro de discriminação variando entre 0,8 e 2,8. A Figura 8.8 apresenta a rede resultante da análise dos dados simulados. Esses mesmos dados foram submetidos à análise fatorial confirmatória, com correlação tetracórica, e à análise de teoria de resposta ao item de dois parâmetros. Na Tabela 8.1, é possível comparar a magnitude e a ordenação dos parâmetros nas três análises. É importante ressaltar que os parâmetros de relação linear com o fator (carga fatorial), discriminação (quão bem discrimina diferentes níveis do traço) e autovetor de centralidade apresentam a mesma ordenação, da mesma forma que os parâmetros de dificuldade e limiares dos itens estão igualmente ordenados. Os limiares na análise fatorial confirmatória e na análise de rede são os mesmos e foram adicionados propositalmente para demonstrar que ambos são calculados a partir da matriz de correlação tetracórica.

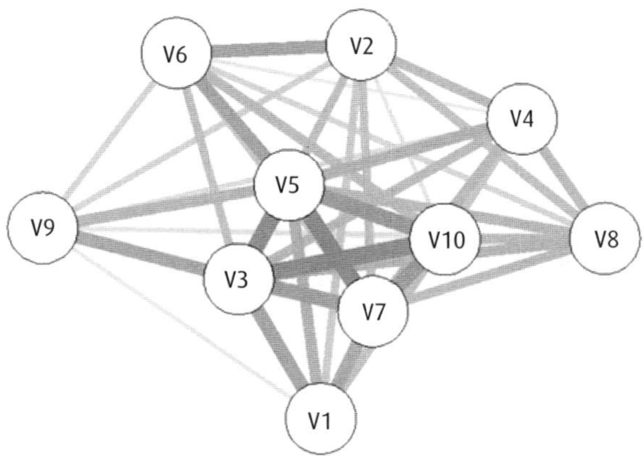

FIGURA 8.8 / Rede de 10 itens dicotômicos simulados em 100 observações.

TABELA 8.1

Comparação dos parâmetros dos itens nos modelos de análise fatorial confirmatória, análise de teoria de resposta ao item e análise de rede

Item	Análise fatorial confirmatória		Teoria de resposta ao item		Análise de rede	
	Carga fatorial	Limiar	Discriminação	Dificuldade	Autovetor de centralidade	Limiar
1	0,56	-0,61	0,68	-1,09	0,67	-0,61
2	0,53	-0,36	0,63	-0,67	0,66	-0,36
3	0,84	0,07	1,58	0,09	0,97	0,07
4	0,55	-0,10	0,66	-0,18	0,69	-0,10
5	0,88	0,52	1,87	0,59	1,00	0,52
6	0,52	0,50	0,62	0,94	0,64	0,50
7	0,80	0,10	1,34	0,12	0,93	0,10
8	0,52	0,25	0,60	0,49	0,65	0,25
9	0,49	-0,64	0,56	-1,32	0,59	-0,64
10	0,74	0,88	1,11	1,18	0,84	0,88

Existem, hoje, dezenas de medidas que podem ser derivadas de uma rede. Em geral, elas estão associadas a três aspectos básicos: conexões, distâncias e pesos. O grau de conectividade (*betweeness centrality*) é definido pelo número de vezes que um nodo faz parte do caminho mais curto entre todos os pares de nodos conectados na rede. Já a medida de proximidade (*closeness centrality*) é obtida pelo inverso das distâncias de um nodo com todos os demais no sistema. Por fim, a medida de força (*strength centrality*) é derivada da soma de todos os pesos dos caminhos que conectam um nodo aos demais. Essa medida é utilizada em redes ponderadas, enquanto em redes não ponderadas é chamada de grau de centralidade (*degree centrality*) e representa o número absoluto de conexões.

A Figura 8.9 apresenta uma rede de dados que simula uma escala com dois fatores oblíquos e as medidas de centralidade citadas anteriormente, utilizando o pacote "psych". É possível perceber, por exemplo, que o nodo 7 constitui o caminho mais "breve" (em redes ponderadas é necessário considerar a magnitude da associação além da distância) entre o maior número de pares de nodos no sistema e é o que, em média, está mais associado aos demais nodos na rede. As médias de centralidade foram extraídas com a função *centralityPlots*, do pacote "qgraph" (xiii):

```
(xii) library(psych)
      simData1 <- item.dichot(nvar = 12, nsub = 500, circum = FALSE,
      xloading = 0.7, yloading = 0.5, gloading = 0, xbias = 0, ybias = 0, low = 0,
      high = 1)
      simData1matrix <- tetrachoric(simData1)
      simData1matrix <- simData1matrix$rho
(xiii) simData1Graph <- qgraph(simData1matrix,layout="spring")
      centralityPlot(simData1Graph,standardized=TRUE,theme_bw=TRUE)
```

Com essa breve introdução e discussão das relações entre a análise de rede e outros modelos psicométricos, esperamos que o leitor tenha compreendido os aspectos centrais da técnica:

a) redes podem ser direcionais e não direcionais;
b) as relações entre os nodos podem ser ponderadas (em que se atribuem pesos) ou não ponderadas;
c) é possível empregar algoritmos de posicionamento para tornar a interpretação da rede mais intuitiva e rica em detalhes;
d) as redes fornecem informações sobre sua arquitetura de dinâmica por meio de várias medidas, comparáveis àquelas obtidas por diferentes modelos psicométricos.

Na seção a seguir, serão apresentadas outras aplicações e algoritmos que podem ser empregados em análise de rede.

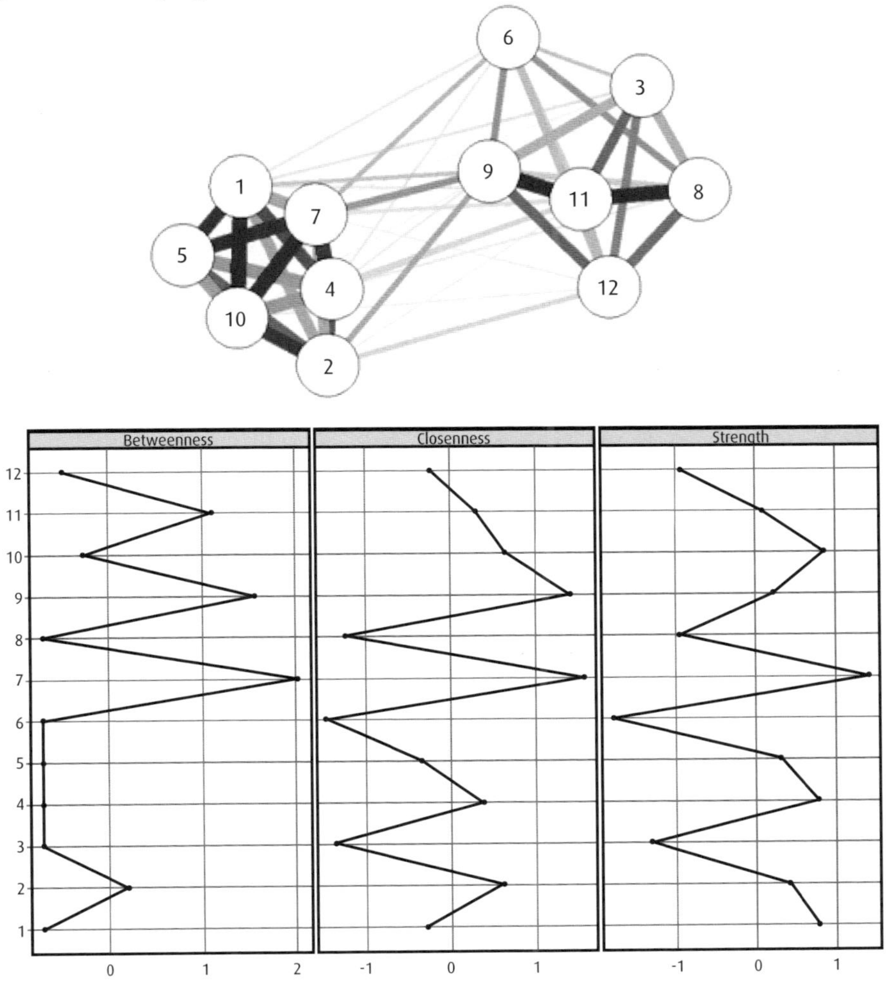

FIGURA 8.9 / Rede simulada de um instrumento de dois fatores e medidas de centralidade dos nodos. Devido ao algoritmo de simulação de dados do pacote "psych", ao replicar os códigos, o leitor encontrará um padrão ligeiramente distinto ao desse exemplo.

TIPOS DE REDE E EXEMPLOS DE APLICAÇÃO

Como descrito anteriormente, uma rede ponderada é uma representação que pode ser construída entre quaisquer nodos (variáveis) que tenham um padrão de associação entre si. Assim, um nodo X estaria conectado a um nodo Y se houvesse algum indicador de associação entre eles. O grau de associação sugere a força da haste que conecta os nodos até um valor mínimo de 0, que representaria ausência de associação ou da haste na rede. Na sequência, será apresentado o conceito de quatro formas de construção de redes utilizadas no estudo de construtos psicológicos (Costantini et al., 2015): estrutura de covariância ou correlação, correlação parcial, rede adaptativa LASSO e rede eLASSO. Para cada tipo de rede (algoritmos), apresentaremos códigos reproduzíveis em Linguagem R.

Para exemplificar o processo de construção das redes, utilizamos e tornamos público (ver *site* indicado no início do capítulo) um banco de dados com 446 participantes (Machado & Bandeira, 2015, no prelo) que responderam aos Marcadores Reduzidos para Avaliação da Personalidade (MR-25) (Hauck Filho, Machado, Teixeira, & Bandeira, 2012). Esse instrumento se refere à avaliação da personalidade a partir de cinco domínios, em uma escala Likert de 5 pontos: Abertura, Conscienciosidade, Extroversão, Neuroticismo e Socialização.

Estrutura-covariância

A forma mais simples de associação entre duas variáveis é a matriz de correlação, ou a de covariância. De fato, as estatísticas frequentemente utilizadas em estudos de psicometria baseiam-se em estimativas oriundas de matrizes de covariância ou correlação (p. ex., autovalores, cargas fatoriais); portanto, partimos desse conjunto para mostrar o primeiro algoritmo de criação de redes. Assim, a Figura 8.10A representa uma rede ponderada criada a partir da matriz de correlação dos itens do MR-25. Para calcular, utilizando R, aplique o código (xiv) para correlação e (xv) para covariância.

```
(xiv) cor<-cor(data)
(xv)  cov<-cov(data)
```

Criamos, então, um objeto (xvi) chamado "grupos" para identificar os itens de cada dimensão do instrumento, facilitando a comparação da rede com a análise de dimensionalidade concebida ao construto.

```
(xvi) groups <- factor( rep( c("Extroversão", "Socialização", "Conscienciosidade",
      "Neuroticismo", "Abertura"), 5))
```

Por fim, chama-se o objeto *cor* para a matriz de correlação (*cov* para a matriz de covariância) na função *qgraph* (xvii) para gerar a rede ponderada. Na Figura 8.10A, apresentamos a rede baseada na matriz de correlação.

```
(xvii) graph_correlation <- qgraph (cor, layout = "spring", colour = groups,
       groups = groups, borders = FALSE)
```

Correlações Parciais

Apesar de as redes com base em correlações serem úteis para verificar associações e padrões entre nodos, ainda assim a rede representará todas as interações, omitindo apenas aquelas com magnitude igual a 0. Dessa forma, redes criadas a partir de matrizes de correlação podem se tornar dificultosas para interpretação pela quantidade de hastes presentes, algumas delas potencialmente espúrias devido a associações indiretas pela associação compartilhada com um terceiro nodo.

Quando o objetivo é avaliar a estrutura de uma rede gerada a partir dos dados, pode ser necessário aplicar algumas restrições ao algoritmo. Redes construídas a partir de uma matriz de correlação parcial, também chamadas de matrizes de precisão (Pourahmadi, 2011), permitem a verificação de uma rede com conexões relevantes, após o condicionamento em função das demais variáveis, como demonstrado na Figura 8.10B.

A construção de redes a partir de correlações parciais, também chamadas de *grafos de concentração*, é conduzida com a função *qgraph*, adicionando o argumento *graph="concentration"* (xviii):

```
(xviii) graph_partial <- qgraph (cor, layout = graph_correlation$layout, colour
        = groups, groups = groups, borders = FALSE, graph = "concentration")
```

Rede Adaptativa LASSO

Uma forma alternativa de tentar alcançar uma rede mais informativa sobre a estrutura que emerge dos dados é a aplicação da penalidade LASSO (*least absolute shrinkage and selection operator*) (Friedman, Hastie, & Tibshirani, 2008). Como as matrizes de correlação procuram se ajustar aos dados, não se encontram casos de associações com magnitude zero, implicando uma rede com hastes entre todas as variáveis, dificultando a interpretação. O mesmo não ocorre para correlações parciais, que podem chegar à redução do número de hastes revelando informações importantes, como variáveis independentes entre si (chamado de Grafo Gaussiano).

O método adaptativo LASSO foi utilizado pelos idealizadores do pacote *qgraph* como forma de constrangir a rede a apresentar apenas as conexões mais relevantes para a estrutura dos dados. Esse algoritmo faz as correlações menores reduzirem-se à magnitude de zero, resultando em uma rede mais parcimoniosa (ver mais em Krämer, Schäfer, & Boulesteix, 2009), representada na Figura 8.10C.

O algoritmo pode ser executado no programa Linguagem R por meio do pacote "parcor" (Krämer et al., 2009) (xix) e uma dependência para gerenciamento de matrizes com o pacote "Matrix" (Bates & Maechler, 2015). A função set.seed cria um ponto de início aleatório, garantindo a replicabilidade do código (xx).

```
(xix) library("parcor")
      library("Matrix")
(xx)  set.seed(300)
```

Para calcular a estrutura de associação dos dados, aplica-se o código *adlasso.net* (xxi) e identifica-se a matriz que originará a rede com a função *as.matrix* (xxii). Por fim, gera-se a rede com a função *qgrah* (xxiii):

```
(xxi) adls <- adalasso.net (Data)
(xxii) network <- as.matrix(forceSymmetric(adls$pcor.adalasso))
(xxiii)qgraph (network, layout = "spring", labels = colnames(Data), groups =
      groups)
```

Rede eLASSO

A partir do princípio da parcimônia, a aplicação do método adaptativo LASSO permite a construção de redes com base nas associações mais relevantes para o conjunto de dados. Contudo, esse método é aplicado apenas para variáveis contínuas. No entanto, é muito comum, em psicometria, encontrar variáveis dicotômicas ou ordinais (tipo Likert) que não permitem a mesma aplicação do método *Markov Random Fields* (LASSO).

Dessa forma, um método desenvolvido com base no modelo Ising (Borkulo et al., 2014) permite alcançar a interação entre variáveis individualmente. Esse método, chamado de eLasso, foi desenvolvido para estimar parâmetros de interação e magnitude das variáveis envolvidas na rede, em tipos diferentes como binários ou discretas, com associações par a par representadas na Figura 8.10D.

Para se alcançar a rede de vizinhança adequada ao conjunto de dados, utilizam-se modelos de regressão logística com penalidade LASSO individualmente, avaliando a capacidade da interação de ser de forte ou baixa magnitude. Para cada variável, é gerado um conjunto de vizinhos com os coeficientes de regressão. Para avaliar o melhor conjunto de vizinhança, aplica-se a medida EBIC (*extended bayesian information criterion*) (Borkulo et al., 2014).

Para construir uma rede com método eLasso, serão necessários os pacotes "glmnet" e "IsingFit", além do "qgraph", que já vem sendo utilizado. O pacote "glmnet" será utilizado para calcular os modelos de regressão com penalidade, enquanto o pacote "IsingFit" construirá a matriz com os valores ponderados dos vizinhos relevantes de cada variável (Borkulo et al., 2014). Inicialmente, comece carregando os pacotes (xxiv):

```
(xxiv) library("qgraph")
       library("Matrix")
       library("glmnet")
       library("IsingFit")
```

Utilizando-se o banco de dados, agora transformado em dados binários a partir da mediana de cada variável (0 para valores abaixo da mediana e 1 para valores acima), configura-se a matriz de associação com a função *IsingFit* (xxv), e geramos a rede com a *qgraph* (xxvi):

```
(xxv) Res <- IsingFit (Data, family = "binomial", plot = FALSE)
(xxvi) qgraph (Res$weiadj, fade = FALSE)
```

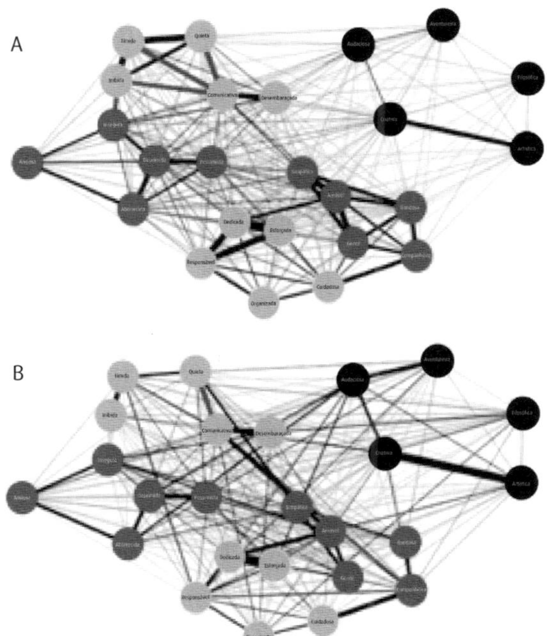

(Continua)

FIGURA 8.10 / Rede de um instrumento de personalidade de cinco fatores construída a partir da matriz de correlação (A), correlações parciais (B), método adaptativo LASSO (C) e método eLASSO (D; Modelo Ising).

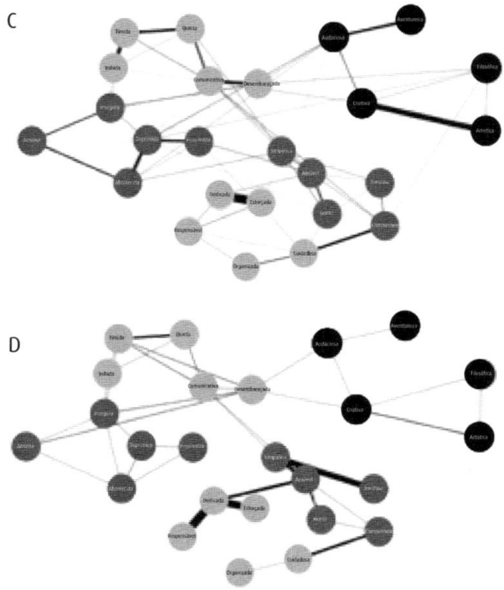

FIGURA 8.10 / (Continuação) Rede de um instrumento de personalidade de cinco fatores construída a partir da matriz de correlação (A), correlações parciais (B), método adaptativo LASSO (C) e método eLASSO (D; Modelo Ising).

Comparando os quatro formatos, percebemos a diferença na estrutura de associações entre as variáveis. A rede A apresenta maior frequência de caminhos entre as variáveis, mostrando o padrão de associação entre os itens que compõem diferentes dimensões do instrumento. Ao analisar a rede B, com um algoritmo que restringe mais a liberdade das associações, percebe-se que algumas variáveis já não mantêm o mesmo padrão de associações com alta magnitude, mesmo entre as variáveis que compõem as dimensões do teste. A transparência das associações fica ainda maior ao se analisar a rede C, que evidencia fragilidades da estrutura do instrumento, ao analisar a dimensão Abertura (nodos pretos), por exemplo. Esse é um exemplo das contribuições que a análise em rede pode oferecer à psicometria, mesmo para dados dicotômicos, como no exemplo da rede D.

Causalidade Indutiva

As análises em rede têm potencial, ainda, de indicar a existência de relações causais entre variáveis, além de indicar padrões individuais de associação e estrutura. De fato, estudos recentes, como o de Pearl (2000), têm proporcionado novos *insights* no paradigma das relações causais, permitindo sua interpretação em redes. Até o momento, apresentamos três tipos de redes constituídas a partir de um método não direcionado. Contudo, análises unidirecionais em redes direcionadas podem ser representadas por flechas, sugerindo uma direção para associação entre as variáveis (Borsboom & Cramer, 2013). Nesses tipos de grafos, fica fácil identificar relações causais, principalmente em redes acíclicas. Direções de relações podem ser calculadas a patir de um conjunto de assunções estatísticas, em um banco de dados observacionais, por meio das relações causais que se estabelecem (Spirtes, Glymour, & Scheines, 2000).

Apenas para ilustrar, as principais relações causais em redes podem ser verificadas quando:

1. uma variável B medeia a relação entre A e C (Fig. 8.11A), de forma que A e C são independentes em função de B;
2. uma variável A é causadora comum entre A e C (Fig. 8.11B), criando uma estrutura de garfo, fazendo B e C serem independentes, em função de A;
3. uma variável C é causada conjuntamente por A e B, chamada de estrutura de colisão (Fig. 8.11C), fazendo A e B serem condicionalmente dependentes em função de C.

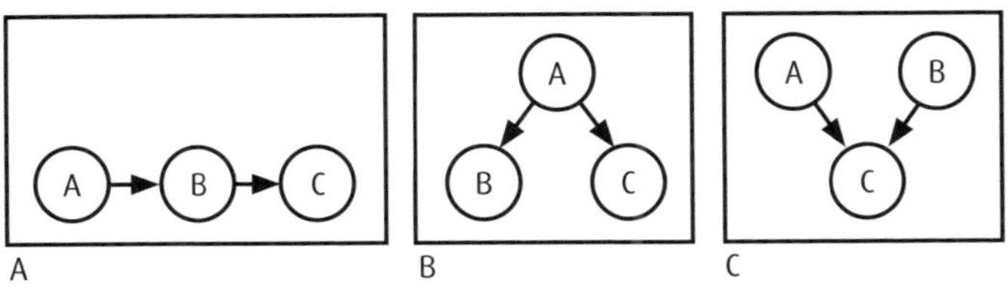

FIGURA 8.11 / Exemplos de estruturas em rede que configuram trajetórias causais.

Tais relações causais são particularmente interessantes do ponto de vista psicométrico, porque podem proporcionar inferências originais para a relação entre sintomas dentro de um quadro psicopatológico ou entre comportamentos em construtos psicológicos (Cramer et al., 2012). Ainda, considerando a possibilidade de múltiplas coletas de dados com o mesmo indivíduo, é possível fazer inferências sobre mecanismos causas do ponto de vista individual, respeitando a subjetividade do analisado, diferentemente do que se faz com as estatísticas populacionais aplicadas atualmente (Costantini et al., 2015).

É possível criar uma rede causal indutiva com o pacote "pcalg", no programa Linguagem R, gerando-se gráficos a partir do pacote "qgraph". O procedimento envolve carregar o pacote "pcalg" (xxvii) e criar objetivos com os nomes das variáveis (*names*), frequência de observações (n) e frequência de variáveis (p).

(xxvii)
```
library(pcalg)
names <- rownames(data)
```

```
n = nrow(data)
p = ncol(data)
```

Em sequência, é calculado um indicador de associação entre as variáveis (teste de independência), para verificar o grau de dependência entre os nodos (xxviii). Aqui, utilizamos um teste de correlações parciais:

```
(xxviii) indepTest <- gaussCItest
```

Logo após, é definido um teste de suficiência estatística, com base nas características dos dados (xxix):

```
(xxix)  suffStat <- list(C = cor(data), n = nrow(data)
```

Estabelece-se um valor para o erro tipo alfa (xxx):

```
(xxx)  alpha <- 0.01
```

E, por fim, calcula-se a matriz de causalidade (xxxi), representada graficamente pela função *qgraph*:

```
(xxxi) pc.fit <- pc(suffStat, indepTest, p, alpha)
       qgraph(pc.fit, labels = names, colour = groups)
```

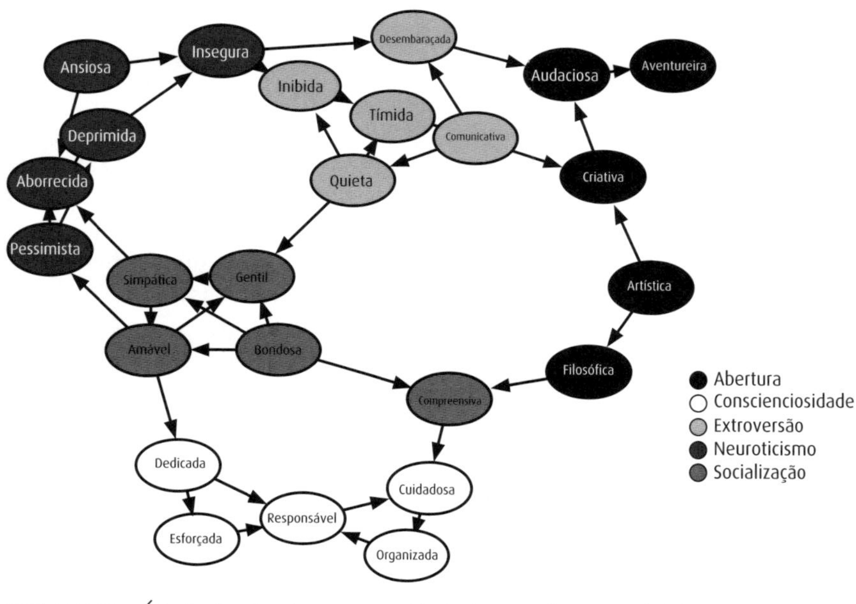

FIGURA 8.12 / Rede direcional entre as variáveis do teste de personalidade.

A Figura 8.12 representa a associação entre as variáveis do instrumento MR-25. É possível identificar padrões de mecanismos causais entre os nodos da rede, como a variável "Insegura", que se comporta como variável de ponte entre os outros itens de Neuroticismo e Extroversão.

IMPACTOS NA PSICOMETRIA E NA AVALIAÇÃO PSICOLÓGICA

A análise de rede já é utilizada na psicologia em tópicos como inteligência (Van der Maas et al., 2006), personalidade (Cramer et al., 2012) e psicopatologia (Borsboom & Cramer, 2013). A técnica permite uma abordagem verdadeiramente ao nível do item na investigação de instrumentos psicométricos e de covariáveis. Integrando processos computacionais simples de algoritmos complexos e técnicas de representação gráfica, a análise de rede mostra-se uma ferramenta promissora para a psicometria e outras áreas da psicologia.

Na psicopatologia, por exemplo, a análise de rede possibilita um grande avanço no estudo da comorbidade. Nos modelos de traço latente, perspectivas dominantes na psicometria atual, os sintomas ou sinais clínicos são causados por traços latentes. Dessa forma, a coocorrência observada de sintomas seria fruto da interação entre traços latentes. Em uma perspectiva de rede, a comorbidade é um processo que emerge diretamente da interação entre sintomas e sinais clínicos.

O painel apresentado na Figura 8.13 contém a representação pictórica de ambos os sistemas psicométricos. Na análise de rede, o pesquisador pode identificar quais indicadores estão relacionados a ambas as redes, construindo uma "ponte" (*bridge symptoms*) entre dois sistemas distinguíveis. Em posse dessa informação, o profissional pode planejar uma intervenção preventiva em um sintoma específico antes que ele "ative" outro sistema.

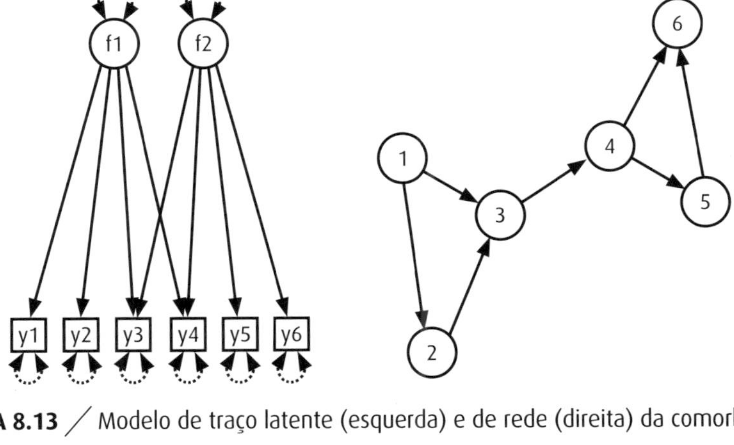

FIGURA 8.13 / Modelo de traço latente (esquerda) e de rede (direita) da comorbidade.

Outra área que pode se beneficiar da análise de rede é a prática e o estudo de intervenções. A partir dos conhecimentos do sistema (rede) de um fenômeno de interesse, o profissional pode planejar uma intervenção focando naqueles elementos que mais influenciam o sistema (força) ou, ainda, que façam a ligação entre distintos sistemas (conectividade). O fenômeno de interesse pode ser, por exemplo, habilidades sociais em um contexto organizacional ou depressão em um contexto clínico. Além dessa vantagem, o profissional ou pesquisador pode, ainda, monitorar de forma detalhada os efeitos de sua intervenção. É reconhecido que modelos de base populacionais, embora sejam uma boa estimativa, apresentam algumas limitações quando aplicados em casos individuais. Considerando isso, é possível delinear avaliações de medidas repetidas, intraindividuais (Molenaar, 2007, 2008), a fim de compreender as idiossincrasias. Assim, é possível determinar o efeito de uma intervenção focal em um indivíduo, por exemplo, no desenvolvimento de uma habilidade social específica ou a intervenção medicamentosa pontual em um sintoma de depressão, em toda a rede de habilidades ou sintomas. Caso a intervenção não altere a dinâmica e a estrutura da rede como esperado, com base em dados populacionais, é possível retificá-la e avaliar novamente seu impacto.

É difícil estimar os diferentes e possíveis empregos da análise de rede em psicometria e na avaliação psicológica. Demonstramos algumas aplicações, incluindo códigos de programação, no sentido de introduzir os fundamentos gerais da análise de rede. Assim, esperamos encorajar o leitor a ter um primeiro contato com a área e a vislumbrar sua relativa simplicidade de aplicação e interpretação. Por fim, julgamos que, além da psicometria e da avaliação psicológica, outras áreas da psicologia podem se beneficiar dessa técnica e, principalmente, da mudança de paradigma na qual ela se fundamenta.

QUESTÕES

1. Defina o que são redes não ponderadas, ponderadas, não direcionais e direcionais.
2. Quais são as principais diferenças entre a análise de rede e os principais modelos psicométricos (teoria clássica dos testes e modelos de traço latente)?
3. Quais são as principais medidas derivadas das redes?
4. Cite os principais tipos de redes que podem ser utilizadas em psicometria e suas características em termos de informação.
5. Quais são os impactos das redes de correlações parciais (LASSO) e de causalidade indutiva para as áreas aplicadas em psicologia?

REFERÊNCIAS

Barabási, A. L. (2012). The network takeover. *Nature Physics, 8*(1), 14-16.

Bates, D., & Maechler, M. (2015). *Package 'Matrix'. Sparse and Dense Matrix Classes and Methods*. Recuperado de http://cran.r-project.org/web/packages/Matrix/Matrix.pdf

Bollen, K., & Lennox, R. (1991). Conventional wisdom on measurement: A structural equation perspective. *Psychological Bulletin, 110*(2), 305-314.

Borkulo, C. D., Borsboom, D., Epskamp, S., Blanken, T. F., Boschloo, L., Schoevers, R. A., & Waldorp, L. J. (2014). A new method for constructing networks from binary data. *Scientific Reports, 4*(5918).

Borsboom, D., & Cramer, A. O. J. (2013). Network analysis: An integrative approach to the structure of psychopathology. *Annual Review of Clinical Psychology, 9*, 91-121.

Borsboom, D., Mellenbergh, G. J., & Van Heerden, J. (2004). The concept of validity. *Psychological Review, 111*(4), 1061-1071.

Constantini, G., Epskamp, S., Borsboom, D., Perugini, M., Mõttus, R., Waldorp, L. J., & Cramer, A. O. J. (2015). State of aRt personality research: A tutorial on network analysis of personality data in R. *Journal of Research in Personality, 54*, 13-29.

Cramer, A. O. J., van der Sluis, S., Noordhof, A., Wichers, M., Geschwind, N., Aggen, S. H., Borsboom, D. (2012). Dimensions of normal personality as networks in search of equilibrium: You can't like parties if you don't like people. *European Journal of Personality, 26*(4), 414-431.

Epskamp, S., Cramer, A. O. J., Waldorp, L. J., Schmittmann, V. D., & Borsboom, D. (2012). qgraph: Network visualizations of relationships in psychometric data. *Journal of Statistical Software, 48*(4), 1-18.

Friedman, J., Hastie, T., & Tibshirani, R. (2008). Sparse inverse covariance estimation with the graphical lasso. *Biostatistics, 9*(3), 432-441.

Fruchterman, T. M. J., & Reingold, E. M. (1991). Graph drawing by force-directed placement. *Software: Practice & Experience, 21*(11), 1129-1164.

Han, K. T. (2007). WinGen: Windows software that generates item response theory parameters and item responses. *Applied Psychological Measurement, 31*(5), 457-459.

Hauck Filho, N., Machado, W. L., Teixeira, M. A. P., & Bandeira, D. R. (2012). Evidências de validade de marcadores reduzidos para a avaliação da personalidade no modelo dos cinco grandes fatores. *Psicologia: Teoria e Pesquisa, 28*(4), 417-423.

Krämer, N., Schäfer, J., & Boulesteix, A. L. (2009). Regularized estimation of large- scale gene association networks using graphical Gaussian models. *BMC Bioinformatics, 10*, 384.

Machado, W. L., & Bandeira, D. R. (2015, no prelo). Dados brutos de marcadores de marcadores reduzidos para a avaliação da personalidade.

Molenaar, P. C. M. (2007). Psychological methodology will change profoundly due to the necessity to focus on intra-individual variation. *Integrative Psychological & Behavioral Science, 41*(1), 35-40.

Molenaar, P. C. M. (2008). On the implications of the classical ergodic theorems: Analysis of developmental processes has to focus on intra-individual variation. *Development Psychobiology, 50*(1), 60-69.

Pearl, J. (2000). *Causality: Models, reasoning, and inference.* Cambridge: Cambridge University.

Pourahmadi, M. (2011). Covariance estimation: The GLM and regularization perspectives. *Statistical Science, 26*(3), 369-387.

Schmittmann, V. D., Cramer, A. O. J., Waldorp, L. J., Epskamp, S., Kievit, R. A., & Borsboom, D. (2013). Deconstructing the construct: A network perspective on psychological phenomena. *New Ideas in Psychology, 31*(1), 43-53.

Spirtes, P., Glymour, C., & Scheines, R. (2000). *Causation, prediction, and search.* Cambridge: MIT.

Van der Maas, H. L., Dolan, C. V., Grasman, R. P., Wicherts, J. M., Huizenga, H. M., & Raijmakers, M. E. (2006). A dynamical model of general intelligence: The positive manifold of intelligence by mutualism. *Psychological Review, 113*(4), 842-861.

Vissoci, J. R. N., Rodrigues, C. G., Andrade, L., Santana, J. E., Zaveri, A., & Pietrobon, R. (2013). A framework for reproducible, interactive research: Application to health and social sciences. *ArXiv*, 1304.5688v1.

9

O PAPEL DO TESTE NA AVALIAÇÃO PSICOLÓGICA

Caroline Tozzi Reppold
Léia Gonçalves Gurgel

A AVALIAÇÃO PSICOLÓGICA E O USO DE TESTES

A avaliação psicológica é um processo abrangente, que objetiva a obtenção de dados detalhados sobre os sujeitos ou as situações avaliadas. Possibilita descrever comportamentos a partir de procedimentos variados, sendo os testes psicológicos um deles (Pacanaro, Alves, Rabelo, Leme, & Ambiel, 2011; Pasquali, 2001a). O psicólogo é o profissional habilitado para realizar a avaliação psicológica e, para isso, deve ter objetivos claros que possam guiá-lo até a conclusão. Para este capítulo, e para a compreensão dos conceitos específicos acerca dos testes psicológicos, serão retomadas, a seguir, algumas definições básicas voltadas para a avaliação psicológica (Cunha, 2000a).

Inicialmente, é importante referir que é primordial que a avaliação psicológica seja objetiva, uma vez que é a base para a tomada de decisão nas práticas profissionais do psicólogo. Para que, de fato, seja útil, deve ser organizada de modo a integrar todas as técnicas e metodologias utilizadas. Nesse sentido, Pasquali (2001a) comenta que a avaliação é composta por quatro etapas:

1. a identificação do problema ou situação a ser avaliada: pode ser realizada por meio de entrevistas, observações, testes psicométricos ou outras abordagens;
2. a integração dos dados coletados: relacionada com a reunião das informações obtidas a partir da aplicação das técnicas do item anterior, além da classificação dos sujeitos em relação aos escores e às normas dos testes;

3. a inferência de hipóteses: inclui a interpretação dos dados obtidos e, possivelmente, os diagnósticos ou conclusões obtidas a partir da avaliação;
4. a intervenção: contempla a formulação de programas de intervenção e/ou orientação a partir dos dados coletados e da inferência de hipóteses realizada.

O uso conjunto de abordagens e técnicas diversas na avaliação psicológica, com o passar dos anos, passou a ser cada vez mais reconhecido como um recurso válido para a prática do psicólogo. Esse uso deve ser baseado nos referenciais teóricos do profissional, sendo dependente da demanda de cada situação e dos contextos de aplicação (Cunha, 2000a). Nesse sentido, é importante frisar que nem todos os casos que chegam para uma avaliação inicial necessitam, de fato, de uma avaliação psicológica e que há casos em que uma avaliação pode ser realizada com técnicas psicológicas que prescindem do uso de testes. No entanto, os testes podem ser úteis na medida em que oferecem, a partir da normatização, um parâmetro de comparação do sujeito ou da situação em relação a outros que apresentam características semelhantes. Os testes permitem também a operacionalização e a verificação de diversas teorias psicológicas (Primi, 2010) e a organização de intervenções mais adequadas em cada caso. O uso de testes psicológicos ocorre em todas as áreas de ação da psicologia, entre elas a pesquisa (na verificação de hipóteses propostas), a psicologia clínica, a neuropsicologia, a psicologia jurídica, a psicologia do trabalho, a psicologia do trânsito, a psicologia do esporte, bem como em todos os contextos clínicos e institucionais que demandem uma avaliação, como a educação, a área de recursos humanos, a saúde e a justiça (Noronha & Alchieri, 2002; Pasquali, 2001a). Todos os casos devem ter propósitos claros e fundamentados, de modo a cumprir com os princípios éticos de beneficência, e não maleficência, que as técnicas devem respeitar. Ou seja, uma avaliação psicológica não deve ser realizada de forma inócua, sem que os dados coletados sirvam para nortear uma ação futura, beneficiando, assim, a pessoa avaliada ou os demais envolvidos com ela, uma vez que essa avaliação pode oferecer um panorama mais elaborado sobre as forças, as virtudes, as características e as necessidades dos sujeitos no momento da avaliação.

Nesse sentido, a avaliação (de indivíduos ou de instituições) tem sido utilizada em todos os campos de ação da psicologia como uma estratégia que, inclusive, contribui para um diálogo interdisciplinar, pois fundamenta a prática dos psicólogos diante de casos de perícia judicial, escolha profissional, seleção de pessoal, internação hospitalar, avaliação de projetos sociais, etc. Assim, ela contribui, por exemplo, para responder perguntas como: "Quais as estratégias psicológicas que um indivíduo dispõe para lidar com uma situação de luto?", "Quais características familiares dos adotantes aumentariam o bem-estar de determinada criança que aguarda uma adoção?", "Qual a evolução do declínio cognitivo observado em determinado caso de paciente com diagnóstico de Alzheimer?", "Quais habilidades cognitivas e/ou emocionais deveriam ser mais estimuladas em determinados casos de atraso escolar?", "Eventuais quadros de tristeza, desesperança e solidão são características de traço ou estado do sujeito?", "Determinado paciente psiquiátrico se coloca em situações de risco e apresenta confusão mental por ter menos recursos cognitivos ou por estar passando, naquele momento, por um quadro maníaco?", "O fato de uma criança apresentar enurese noturna após o nascimento de um irmão deve ser tratado como um problema psicológico, ou trata-se de uma condição desenvolvimental esperada?".

Quando realizada em âmbito clínico, a avaliação psicológica é denominada psicodiagnóstico e tem o objetivo de identificar o funcionamento psicológico do sujeito, considerando as variabilidades normais dos indivíduos em relação aos critérios preestabelecidos, como a faixa etária e o grau de escolaridade. É "... um processo científico, limitado no tempo, que utiliza técnicas e testes psicológicos (*input*), em nível individual ou não, seja para entender problemas à luz de pressupostos teóricos, identificar e avaliar aspectos específicos, seja para classificar o caso e prever seu curso possível, comunicando os resultados" (Cunha, 2000b, p. 26). Deve ser iniciada com a organização de um plano de avaliação, e é fundamental que o profissional tenha habilidade para reconhecer quais estratégias e testes serão úteis e eficazes para cada etapa da avaliação. Além disso, é composta por alguns passos importantes, como o levantamento de perguntas e a definição dos objetivos, o planejamento das estratégias de avaliação a serem utilizadas e a escolha dos testes, o levantamento dos dados (de origem qualitativa e/ou quantitativa), a reunião desses dados e a apresentação dos resultados (Cunha, 2000b).

A avaliação psicológica, portanto, excede a aplicação de testes propriamente ditos. Ela é composta, basicamente, por um tripé, que inclui os testes, as entrevistas e as observações. Segundo Werlang, Villemor-Amaral e Nascimento (2010), os dois últimos são procedimentos avaliativos comumente utilizados, em contexto clínico e visam à obtenção de uma quantidade maior de informação do avaliando, a fim de garantir que o diagnóstico seja adequado e que seja possível organizar a intervenção. Outros métodos também podem ser incluídos nesse processo, como desenhos e prática de contar de histórias, por exemplo, que não apresentam dados padronizados para correção e que dependem unicamente da interpretação do psicólogo. Uma avaliação adequada, nesses moldes, depende da experiência e da consistência do referencial teórico utilizado pelo psicólogo, de modo a garantir a coerência das conclusões.

Werlang e colaboradores (2010), ainda, citando textos clássicos, como o de Anzieu (1981), apontam que as técnicas de avaliação psicológica podem ser categorizadas em três tipos: expressivas, projetivas e psicométricas. As técnicas expressivas estão relacionadas com maior liberdade quanto às instruções e aos materiais e incluem formas de expressão variadas, como a pintura (Pinto,

2014). As medidas projetivas, embora possam apresentar bases quantitativas, são mais aceitas quando baseadas em aspectos mais dinâmicos do funcionamento do sujeito. O termo é usado, sob a ótica do psicodiagnóstico, quando inclui técnicas que sugerem a projeção (Cunha & Nunes, 2010). As medidas psicométricas, por sua vez, são mais baseadas em recursos estatísticos e teorias de medida (Pasquali, 2001a).

Diante da vasta inserção da avaliação psicológica, pôde-se compreender, até aqui, que ela é um processo amplo que inclui técnicas variadas, sendo o teste (ou instrumento) psicológico uma delas. Na próxima seção, serão abordados conceitos mais específicos sobre os testes e sua aplicação.

TESTES PSICOLÓGICOS NO BRASIL

O teste psicológico é uma ferramenta sistemática construída com o objetivo de facilitar as tomadas de decisão profissionais do psicólogo. Seu surgimento ocorreu por volta do fim do século XIX e início do século XX, sendo concomitante ao desenvolvimento da psicometria (Ambiel & Pacanaro, 2011; Pasquali, 2010). É conceituado, conforme a Lei nº 4.119/62, como um instrumento de mensuração de características psicológicas, considerado como método de uso privativo do psicólogo (Brasil, 1962). É um procedimento sistemático, voltado para a observação e o registro dos comportamentos e das características psicológicas dos indivíduos, nas suas mais diversas formas de expressão. Pasquali (2007, p. 105) salienta que "... entende-se por teste psicológico um conjunto constituído de comportamentos que o sujeito deve exibir. Ele é um teste se todos os comportamentos envolvidos no conjunto se referem à mesma coisa". De maneira complementar, Werlang e colaboradores (2010) apontam que o teste psicológico é um instrumento padronizado que tem como objetivo obter o máximo de informações referentes ao examinando, reduzindo as incongruências entre os avaliadores e devendo apresentar fundamento teórico sólido, evidências de validade e precisão.

Conceitualmente, ainda, Pasquali (2001a) refere que os testes psicológicos são categorizados segundo a abordagem utilizada:

- em relação à objetividade e à padronização: podem ser divididos em testes psicométricos ou impressionistas. Os primeiros estão relacionados com a psicometria e com as teorias de medida, fazendo uso de estratégias estatísticas. Os impressionistas relacionam-se com a descrição linguística das habilidades e dos comportamentos, de forma que seja possível caracterizar os sujeitos;
- em relação aos construtos mensurados: são divididos em testes que avaliam capacidades (aptidões) ou preferências (personalidade, interesse, valores);

- em relação à forma de resposta: pode ser verbal, motora ou informatizada, por exemplo.

Ante a diversidade de usos, estratégias e recursos estatísticos para avaliação psicológica, a área tem crescido substancialmente ao longo dos últimos anos, sobretudo em termos de produção científica e atualização de ferramentas e análises. Segundo Noronha e Reppold (2010), esse crescimento também é observado internacionalmente, pois a área tem sido palco de relevantes discussões que geraram documentos norteadores, como o *ITC Guidelines on Test Use* e o *ITC Guidelines on Adapting Tests*, da International Test Commission. Aliado a isso, em âmbito nacional, considere-se também a implantação do Sistema de Avaliação dos Testes Psicológicos (Satepsi), proposto pelo Conselho Federal de Psicologia (CFP), em 2003, e fomentado pelo Instituto Brasileiro de Avaliação Psicológica (IBAP) e pela Associação Brasileira de Rorschach e Métodos Projetivos (ASBRo). Tal sistema resultou na possibilidade de análise criteriosa dos instrumentos psicológicos, que será aprofundada no último capítulo desta obra.

Nos últimos anos, a temática da avaliação psicológica esteve presente em uma série de documentos norteadores e pesquisas que apontavam, apesar de enfoques diversos, preocupações semelhantes voltadas para a qualidade das técnicas avaliativas, a formação básica do psicólogo e a prática profissional (Araújo, 2007). Em relação à formação, pode ser considerada uma área básica dos cursos de psicologia, estando necessariamente ligada a outras, como a psicologia do desenvolvimento e da personalidade, que fornecem também subsídios para as interpretações e para a construção e o aprimoramento dos instrumentos. Por esse motivo, e pela importância destacada até aqui, acredita-se que a temática da avaliação psicológica deva ser minuciosamente trabalhada nos currículos dos cursos de psicologia (Nunes et al., 2012).

Algumas dificuldades, no entanto, têm sido observadas na formação básica dos psicólogos. A fim de exemplificar essa afirmação, cita-se o estudo de Noronha e colaboradores (2002a) sobre o conhecimento de alunos de psicologia acerca dos instrumentos psicológicos. Os autores observaram que, apesar de a formação objetivar o conhecimento mais abrangente possível voltado para a avaliação psicológica, ainda há falta de preparo dos alunos nessa área. De todos os testes apresentados (167) nesse estudo, os alunos conheciam aproximadamente 21%, número muito abaixo do esperado.

Apesar de esse estudo ter sido realizado antes da instalação do Satepsi e da visualização de seus "efeitos", o quadro do ensino da avaliação psicológica não se modificou, nos anos seguintes, o quanto deveria e poderia. Esse fato serve de alerta para os profissionais da área e para os representantes dos órgãos regulamentadores. Achados representativos dessa afirmação podem ser encontrados no estudo de Hazboun e Alchieri (2014), por exemplo, que, embora realizado

12 anos mais tarde, continua apontando problemas voltados para a formação básica em avaliação psicológica. De forma geral, estes são atribuídos a possíveis deficiências no processo de ensino dessa área, além da ausência e inadequação dos instrumentos disponíveis. A discussão proposta por Noronha, Castro, Ottati, Barros e Santana (2013), que objetivou verificar os conteúdos ministrados e as metodologias de ensino utilizadas em avaliação psicológica nos cursos superiores, também evidenciou pouco esforço quanto ao incentivo a uma maior postura crítica em relação ao aprendizado na área.

Ao longo da existência do Satepsi, a área da avaliação psicológica foi favorecida, especialmente pela disponibilidade de testes, muito mais do que em décadas passadas, trazendo importantes repercussões para a psicologia e sua prática (Reppold & Serafini, 2013). No entanto, é necessário que esse avanço seja visto também na formação básica do psicólogo. Como um reflexo dessas dificuldades e limitações no ensino, a área da avaliação psicológica é a que mais apresenta problemas de infração ética junto ao CFP, conforme observado por Anache e Reppold (2010). Isso porque a área da avaliação tem grande impacto sobre os sujeitos e é utilizada em contextos variados, como no caso de concursos públicos e guarda de crianças, por exemplo. Resulta, ainda, na produção de documentos oficiais, como laudos e pareceres, que acabam servindo como instrumentos para a formalização das denúncias nos conselhos (Anache & Reppold, 2010).

Soluções definitivas para as questões do ensino acadêmico da avaliação psicológica ainda não foram encontradas, mas sabe-se que estão relacionadas com o desenvolvimento de um programa com questões básicas a serem ensinadas nessa área, em cursos de graduação. Aliados a isso, dois outros quesitos devem estar presentes nas grades curriculares: a interdisciplinaridade, de forma a integrar os conhecimentos, e a habilidade de analisar criticamente os instrumentos (Hazboun & Alchieri, 2014). Dessa forma, os estudantes estarão sendo mais bem preparados para o mercado de trabalho (Noronha et al., 2002a). Uma vez que os psicólogos têm garantia de reserva de mercado na área da avaliação psicológica, é importante que apresentem condições de atuar de maneira efetiva, dando conta da complexidade das demandas, com autonomia e segurança na escolha das técnicas utilizadas em cada situação (Noronha & Reppold, 2010).

Nesse contexto, o Instituto Brasileiro de Avaliação Psicológica (IBAP) criou diretrizes para o ensino da avaliação psicológica, que vêm ao encontro da discussão anterior.[1] O documento respeita todas as resoluções do CFP e do código de ética da profissão, utilizando referências sólidas e reconhecidas da área

[1] Disponível no endereço eletrônico http://www.ibapnet.org.br/docs/ensino_de_avaliacao_psicologica.pdf.

da avaliação psicológica. Contém uma proposta de conteúdo ideal para as disciplinas que abordam a avaliação psicológica, sendo um material válido e rico para uso, pelos alunos e docentes, nas universidades brasileiras.

Os docentes, por sua vez, são cruciais nesse contexto de formação básica do psicólogo e também devem estar atentos para a atualização das disciplinas e conteúdos da área da avaliação psicológica. Sua importância é observada em pesquisas como a de Noronha, Barros, Nunes e Santos (2014), em que foi avaliada a percepção de 98 docentes quanto à relevância das competências em avaliação psicológica. Os autores observaram que "princípios éticos" e "comunicação dos resultados" foram os itens considerados como mais importantes na área, ao passo que "noções de estatística" e "conhecimento de grande quantidade de testes" foram considerados menos importantes. Hazboun e Alchieri (2014) encontraram resultados semelhantes, considerando as principais dificuldades em avaliação psicológica na opinião de psicólogos brasileiros. Boa parte dos participantes considerou não observar dificuldades em sua prática em avaliação, demonstrando a falta de vivências relevantes, ou um conhecimento muito básico. Ambos os estudos apontam para a necessidade de os profissionais, docentes, pesquisadores ou clínicos, avaliarem sua própria conduta e seu próprio conhecimento acerca do tema. Muitos dos problemas relatados e das conclusões dos estudos estão voltados para as deficiências na formação básica dos psicólogos, e, em consequência disso, observa-se o grande número de questões éticas relevantes geradas.

O que se constata claramente é que quando a formação acadêmica, em sua base, é bem estruturada e abrangente, os profissionais saem da graduação mais bem habilitados para a prática e mais bem informados sobre as áreas em que há necessidade de maior especialização e de busca de conhecimento mais aprofundado. Assim, também são evitados problemas que vêm sendo frequentemente observados na área da avaliação psicológica, como o uso dos instrumentos de maneira inadequada, a desatualização dos instrumentos, a falta de base teórica sólida e a falta de reflexão crítica sobre os resultados. O caminho para tentar resolver essas questões inclui o aprimoramento na formação dos profissionais, especialmente dos currículos básicos das graduações em psicologia, maior capacitação dos professores da área e a construção de instrumentos tecnicamente adequados que considerem profundamente as questões éticas (Noronha et al., 2002b, 2014).

Para além da formação básica, a atualização frequente também é importante para aqueles que já estão graduados, uma vez que os cursos de psicologia não são suficientes para que o aluno adquira todas as informações necessárias para sua prática, especialmente na área da avaliação. Especializações e cursos de aprimoramento são adequados nesse sentido, uma vez que possibilitam ao profissional aprofundamento no conhecimento e na prática. O profissional deve estar habituado a utilizar a produção científica realizada ao longo dos anos, disponível em periódicos e bases de dados, objetivando a atualização contínua. Aliado a isso, sua participação em cursos de especialização exclusivamente voltados para a área da avaliação psicológica deve ser incentivada pelos órgãos regulamentadores estaduais e nacionais (Noronha & Reppold, 2010). Segundo Primi (2010), é possível que ainda haja certa resistência para a consolidação da especialidade em avaliação psicológica, que pode ser gerada por concepções mais qualitativas e menos sistematizadas da área. No entanto, é importante salientar a necessidade atual dos profissionais de aprofundamento das técnicas de avaliação, tornando cursos desse tipo essenciais para a prática profissional e em pesquisa. Nesse contexto, ressalte-se que o CFP ainda não reconhece a área da avaliação psicológica como uma especialidade da psicologia, embora tenha uma comissão de especialistas no Satepsi. Pesquisadores da área e sociedades científicas, como o IBAP, no entanto, trabalham para tal reconhecimento. Destacam que a demanda existe, haja vista, por exemplo, o número de participantes em congressos e a existência de curso de pós-graduação *lato sensu* na área, avaliado pela Coordenação de Aperfeiçoamento de Pessoal de Nível Superior (CAPES) como um programa internacionalizado de alto nível, bem como de programas de pós-graduação *stricto sensu* que têm a avaliação psicológica como área de concentração ou como linha de pesquisa. Contudo, sendo ou não uma especialidade, a atuação profissional adequada não é obtida somente na graduação – requer atualização continuada, profundo conhecimento e análise crítica das diversas técnicas disponíveis. Na próxima seção, serão abordadas questões técnicas voltadas principalmente à escolha de instrumentos da área.

OS CUIDADOS NA ESCOLHA DO TESTE E SEU PROCESSO DE APLICAÇÃO

É constatada a importância do uso de instrumentos psicológicos, de seu desenvolvimento baseado em técnicas psicométricas adequadas e princípios éticos, do seu adequado ensino ao longo da graduação e da busca por especialização e aprofundamento por parte dos profissionais já formados. Para tanto, salienta-se que, apesar de a ênfase na construção dos testes psicometricamente adequados ser evidenciada, ainda estão disponíveis no mercado uma série de instrumentos que cumprem apenas os requisitos mínimos necessários, falhando no fornecimento de informações mais rebuscadas acerca dos instrumentos propriamente ditos e dos construtos avaliados.

Nesse sentido, o psicólogo deve estar apto a analisar criticamente esses instrumentos, seus manuais e materiais, a fim de julgar sua aplicabilidade na prática clínica. Para tanto, o Conselho Federal de Psicologia (CFP, 2001) publicou a Resolução nº 25/2001, que regulamenta a elaboração, a comercialização e o uso dos testes psicológicos. Essa resolução aponta alguns critérios mínimos obrigatórios para que os instrumentos psicológicos sejam, de fato, considerados apropriados para uso no Brasil. São eles:

- fornecer uma fundamentação teórica adequada e ampla, com definição clara do construto, objetivos e contextos de uso;
- descrever método de busca de evidências de validade e precisão, resultados e interpretações sugeridas;
- descrever dados psicométricos detalhados dos itens;
- fornecer informações claras sobre a correção e a interpretação dos escores do teste;
- descrever claramente as etapas de aplicação e correção, além das demais condições, como especificidades do ambiente e materiais a serem utilizados ao longo da aplicação.

A resolução dá ênfase especial à necessidade de produção de manuais completos. Conforme as orientações do documento, o manual será adequado se contiver como informações básicas:

- detalhamento dos aspectos técnico-científicos voltados para a fundamentação teórica do teste e construtos abordados, além de dados empíricos;
- descrição de aspectos práticos voltados para a aplicação do instrumento, a correção dos dados coletados e a interpretação dos escores e resultados;
- referências da literatura relacionada, de modo que o usuário do teste possa acessar o material utilizado como base para construção do instrumento e utilizá-lo também na busca de maior compreensão sobre o construto avaliado;
- informações sobre o responsável técnico pela produção do instrumento;
- informações sobre a autorização e aprovação do CFP;
- destaque para as informações sobre o uso restrito aos psicólogos;
- informações sobre a comercialização, que também deve ser restrita a esses profissionais, apresentando essa informação em destaque no manual.

A resolução em questão é baseada em documentos internacionais, que merecem atenção especial em sua íntegra, como:

- *Standards for Educational and Psychological Testing*, de autoria da American Educational Research Association (AERA), da American Psychological Association (APA) e do National Council on Measurement in Education (NCME) (1999);
- *Guidelines for Educational and Psychological Testing*, de autoria da Canadian Psychological Association (CPA) (1996);

- *ITC Guidelines on Test Use* e *ITC Guidelines on Adapting Tests*, de autoria da International Test Commission (ITC) (2005, 2013). Estes, por serem mais atuais, serão detalhados a seguir.

Segundo Noronha, Freitas e Ottati (2002), o objetivo dessas diretrizes é organizar critérios que auxiliem os profissionais no uso e na análise dos instrumentos de avaliação psicológica. Materiais como esses não são encontrados facilmente, e, por isso, devem receber devido valor e atenção. O *ITC Guidelines on Test Use* foi disponibilizado em 2013 e aponta, como objetivo de sua criação, que o psicólogo tem o dever de usar adequadamente, e de forma ética, os instrumentos disponíveis para sua prática profissional. Para que isso ocorra, o profissional deve atender às necessidades do avaliando, além de utilizar instrumentos que sejam adequados no cumprimento do propósito ao qual a avaliação se propõe. Segundo as diretrizes apresentadas nesse documento, deve-se avaliar o potencial de cada instrumento, sendo essencial:

- analisar adequadamente as necessidades do avaliando, os encaminhamentos e as condições gerais em que o instrumento será utilizado, a fim de garantir que a aplicação seja útil. Ou, em caso de pesquisa, fundamentar a justificativa garantindo que, de fato, sua utilização é viável e relevante;
- analisar as vantagens e desvantagens do uso do instrumento, comparando com outros tipos de métodos avaliativos, e a viabilidade de sua aplicação.

No momento da escolha efetiva do instrumento, as diretrizes em questão apontam a necessidade de considerar:

- se o instrumento apresenta informações atualizadas, detalhadas e relevantes;
- sua adequação técnica, como evidências de validade, de precisão, e a representatividade do construto (temas aprofundados nos Caps. 3, 4, 5 e 6);
- a presença de estudos psicométricos metodologicamente adequados;
- a aceitabilidade do instrumento em relação ao avaliando;
- a praticidade da aplicação;
- os recursos a serem gastos, incluindo os humanos, financeiros e de tempo;
- as influências dos interesses comerciais em torno do uso dos instrumentos, sua venda e editoração, evitando-as;
- os grupos específicos para os quais os instrumentos são construídos, especialmente em termos de gênero, grupo etário, cultural e étnico;
- se as metodologias de adaptação foram seguidas de maneira adequada quando os instrumentos forem adaptados;

- se os procedimentos de padronização para as pontuações e as normas de correção são adequados e se o manual possibilita interpretação completa dos resultados;
- se o instrumento apresenta normas com grupos adequados para comparações;
- as limitações técnicas de cada instrumento e de seu ambiente de aplicação.

Deve-se lembrar que a interpretação dos resultados obtidos a partir da aplicação do teste psicológico deve ser feita com base, também, nas demais informações sobre o avaliando, como a idade, a escolaridade, o sexo, seu ambiente social e cultural, além de condições de saúde geral. Além disso, deve-se cuidar o excesso de generalizações a partir do resultado de um instrumento. Como sugestão aos profissionais, o documento recomenda que se atente às atualizações das evidências de validade dos testes que estão sendo utilizados.

O segundo documento norteador da International Test Commission é o *ITC Guidelines for Translating and Adaptating Tests* (ITC, 2005), que trata especificamente da adaptação de instrumentos. Segundo ele, deve-se analisar em um teste traduzido e adaptado:

- se os editores consideraram as diferenças culturais e linguísticas das populações do instrumento original e do adaptado;
- se a linguagem e as técnicas utilizadas no teste estão, de fato, adequadas ao uso proposto;
- se o material e os recursos do teste são familiares às populações às quais se destinam;
- a qualidade psicométrica e a adequação dos estudos de busca de evidências de validade e precisão da versão adaptada;
- a equivalência entre as versões do instrumento;
- se o manual do instrumento especifica todas as informações da versão adaptada, deixando claros e detalhados os dados necessários, conforme descrito anteriormente.

Em resumo, salienta-se, conforme evidenciado por Chiodi e Weschler (2008), que os instrumentos psicológicos devem apresentar manuais claros e que, de fato, auxiliem os profissionais na compreensão dos construtos abordados e na avaliação proposta. Os manuais devem apresentar instruções e materiais de avaliação recomendados, critérios de correção e interpretação dos resultados e normas padronizadas para comparação entre grupos de sujeitos, quando possível. É preciso garantir que esses materiais sejam baseados em estudos consistentes voltados para a busca de evidências de validade, precisão, normatização e padronização dos escores.

Essas questões apresentam-se como pontos-chave da prática fundamentada na psicometria. No entanto, segundo Tavares (2003), a validade clínica também deve ser considerada, apontando para maior qualidade das informações e também para o contexto em que ocorre o processo de avaliação, sendo esta dependente das amostras utilizadas. Ainda segundo o autor, nessa discussão, inclui-se a abordagem nomotética e a idiográfica. Na primeira, os procedimentos avaliativos são voltados para amostras representativas, podendo ser generalizados a populações, e não a indivíduos. A abordagem idiográfica, por sua vez, considera não apenas a comparação do indivíduo com a norma estabelecida, mas também com sua própria *performance* em diferentes momentos do tempo. Nesse sentido, os procedimentos considerados qualitativos também têm a possibilidade de apresentar validade, que depende da possibilidade de a técnica gerar resultados semelhantes, independentemente de seu aplicador.

Seguindo essa linha de pensamento, Werlang e colaboradores (2010) apontam que o processo de avaliação psicológica inclui o uso de estratégias variadas, unindo as informações geradas, qualitativas e quantitativas, fundamentando as conclusões obtidas. Além da reunião de técnicas variadas, também há a possibilidade de construção de baterias de instrumentos, que se configuram como um conjunto de testes a serem utilizados. Essas baterias podem ser estruturadas ou não. As primeiras são mais indicadas quando se tem um objetivo explícito e são construídas com base em informações empíricas. É preciso considerar, contudo, que a escolha desses instrumentos e a organização da bateria devem ser feitas com bom senso, uma vez que uma quantidade muito grande de instrumentos, muitas vezes, não é justificável. A escolha de instrumentos deve ser feita com base nas qualidades psicométricas de cada um, evitando-se sobreposições. O profissional experiente, com bases teóricas sólidas, tem habilidade para selecionar as técnicas e os instrumentos a serem utilizados, explorando o máximo das informações obtidas por meio deles. Para tanto, é importante esclarecer no manual do instrumento para qual contexto determinado instrumento se aplica, as normas e as condições específicas de aplicação, além de suas características psicométricas (Anache & Reppold, 2010).

Estas últimas são observadas, principalmente, por meio de evidências de validade dos testes, que devem ser pontuais e dependentes do contexto para o qual foram criadas. Os estudos de validade e normatização apresentados devem deixar claras as finalidades específicas de cada instrumento. O profissional, por sua vez, deve ter o costume de revisar as pesquisas da área, a fim de conhecer os contextos possíveis de aplicação dos instrumentos e as evidências de validade já existentes. Segundo a AERA, a APA e o NCME (1999), no manual intitulado *Standards for Educational and Psychological Testing*, as seguintes evidências de validade devem ser encontradas nos instrumentos:

- baseadas no conteúdo: incluem dados sobre o conteúdo do instrumento, obtidos por meio de investigação do conjunto de itens e análises de outros especialistas;
- baseadas em variáveis externas: incluem as correlações entre o instrumento e demais variáveis externas e outras variáveis de interesse, como o sucesso acadêmico, por exemplo;
- baseadas na estrutura interna: abordam as correlações entre os itens; nesse caso, usam-se, principalmente, análises fatoriais para as conclusões, incluindo também evidências de precisão dos instrumentos;
- baseadas no processo de respostas: relacionadas com os processos mentais envolvidos na realização de cada tarefa e item, observando-se se são adequados ao construto relacionado.

Os testes precisam apresentar resultados confiáveis e evidências metodologicamente adequadas de sua qualidade. Em sua maioria, os instrumentos psicológicos são psicométricos e, portanto, baseados nas teorias de medida. Para isso, existem duas teorias psicométricas; a primeira e mais difundida é a Teoria Clássica dos Testes (TCT), que engloba as evidências de validade citadas anteriormente. A segunda, que vem ganhando força com o passar dos anos, é a Teoria de Resposta ao Item (TRI), que surgiu para resolver algumas limitações da TCT e que apresenta vantagens como o cálculo da aptidão do sujeito ser independente da amostra. Vale ressaltar que ela não veio para se sobrepor, mas para somar-se à TCT (Pasquali, 2001b; Pasquali & Primi, 2003).

Por fim, de maneira abrangente, Pasquali (2001a) aponta que, para a aplicação de instrumentos, é preciso treino e conhecimento por parte do aplicador. Os instrumentos requerem, de forma geral, padronização na aplicação, e esta está geralmente voltada para a aplicação propriamente dita, o controle de vieses (especialmente os de aplicação) e as normas de correção dos resultados. A administração dos testes é dependente da qualidade no ambiente físico (que inclui higiene, silêncio e redução de interrupções) e psicológico (que inclui, por exemplo, redução da ansiedade para a realização das tarefas propostas).

O TESTE ALIADO A OUTRAS TÉCNICAS DE AVALIAÇÃO PSICOLÓGICA E AS TENDÊNCIAS NA ÁREA

Foi apontado que o teste psicológico precisa apresentar uma fundamentação teórica bem estruturada, relacionada ao construto em questão, e empírica (Tavares, 2010). Contudo, a avaliação psicológica não se resume apenas à aplicação de instrumentos; ela envolve técnicas variadas que serão utilizadas conforme a demanda de cada situação e do referencial teórico do psicólogo (Araújo,

2007). Segundo Primi (2010), as práticas com maior compromisso e adequação são aquelas compostas por diversos recursos avaliativos, consideradas multimétodos, favorecendo a visão mais completa possível do avaliando e representando uma tendência na área da avaliação psicológica. Nesse conceito, pode ser incluído o tripé, mencionado no início deste capítulo, composto pelos testes, pela observação clínica e pelas entrevistas (Tavares, 2003). Porém, outros recursos podem ser utilizados, como as dinâmicas de grupo (Chiodi & Weschler, 2008) e os questionários (Capitão, Scortegagna, & Baptista, 2005). Mediante a variada gama de recursos, é fácil compreender que a avaliação psicológica não pode ser restrita apenas ao uso de testes. É importante que sejam utilizados outros métodos que complementem a aplicação do teste, contribuindo para o desenvolvimento mais amplo da psicologia como ciência e profissão (Chiodi & Weschler, 2008).

Para tanto, a escolha correta de técnicas que possibilitem a compreensão de suas vantagens e de suas limitações, além do bom senso e crítica dos profissionais, é que vai garantir que o processo de obtenção do diagnóstico seja baseado em princípios éticos. É evidente, portanto, a necessidade de se considerar uma abordagem mais contextualizadora dos dados obtidos a partir da avaliação psicológica, considerada a validade clínica do procedimento, que possibilita a integração entre informações oriundas de fontes diversas para conclusão e complementação dos procedimentos de avaliação e diagnósticos em psicologia (Tavares, 2003).

Diante dessa necessidade de complementação, outras tendências na área podem ser observadas com os avanços metodológicos e tecnológicos. Estes podem ser vistos no desenvolvimento da TRI e de testagens informatizadas, permitindo a criação de bancos de itens, por exemplo (Primi, 2010). Silva (2011) aponta que existe uma tendência crescente voltada para o uso de ferramentas informatizadas na área de avaliação psicológica, nos contextos nacional e internacional, sendo necessário o aumento de estudos que apontem evidências de validade desses instrumentos, para que possam ser utilizados na prática profissional e em pesquisa.

CONSIDERAÇÕES FINAIS

Quando se fala em testes psicológicos, a questão central deve estar voltada para a organização dos contextos e objetivos dos procedimentos, técnicas ou estratégias utilizadas na área, possibilitando que a avaliação psicológica, como ciência, seja capaz de incluir os diversos modos de agir do psicólogo. Para isso, é preciso que os profissionais estejam aptos a analisar os instrumentos, fazendo boas escolhas em sua prática profissional e em pesquisa. Essas habilidades, idealmente, devem ser adquiridas, mesmo que basicamente, na etapa acadêmica da graduação. Os cursos de psicologia devem primar pelo ensino dessa área, uma vez que é base para o fazer do psicólogo. O aprofundamento teórico, por sua vez, pode ser obtido nos cursos de especialização da área, tornando o profissional ainda mais apto para a atuação em avaliação psicológica. Investimentos, nesse sentido, ainda são necessários, sobretudo na formação básica, de modo que o aluno de psicologia seja preparado para corresponder adequadamente a essa demanda (Noronha & Reppold, 2010).

A desqualificação dos profissionais e as dificuldades e falhas encontradas ao longo do processo de formação básica do psicólogo trazem implicações éticas e sociais importantes. A maior parte das infrações éticas está relacionada com a prática da avaliação psicológica, como a emissão de resultados equivocados e a utilização de instrumentos inadequados. A atuação profissional do psicólogo deve considerar os contextos em que as avaliações são realizadas, a validade clínica das avaliações e as evidências de validade dos instrumentos escolhidos para compor o processo avaliativo (Reppold & Serafini, 2013).

Por fim, este capítulo pretendeu auxiliar os profissionais e os estudantes de psicologia no fornecimento de informações essenciais sobre os quesitos necessários aos instrumentos psicológicos e à sua análise, além de na compreensão geral acerca da avaliação psicológica como um processo composto por variadas técnicas e estratégias que incluem a utilização dos testes. Para tanto, é imprescindível que se tenha confiança e segurança nos instrumentos disponíveis e aptos para uso, uma vez que irão nortear e auxiliar o diagnóstico e a prática profissional (Noronha & Reppold, 2010; Reppold, Gurgel, & Hutz, 2014). Portanto, os testes devem ser considerados instrumentos importantes para a avaliação psicológica, apesar de ela não se resumir à sua aplicação. Independentemente da abordagem utilizada, a avaliação deve, obrigatoriamente, primar pelos princípios éticos que regem a profissão e ser fundamentada em bases teóricas sólidas.

QUESTÕES

1. Qual o conceito de teste psicológico e como este se insere na avaliação psicológica?
2. É possível a realização de uma avaliação psicológica sem o uso de testes psicológicos? Quais as vantagens do uso de testes? Quais os demais recursos de que o psicólogo pode dispor?
3. Quais as etapas da avaliação psicológica?

4. Quais os cuidados que um psicólogo deve ter ao pensar em uma bateria de instrumentos psicológicos a ser administrada em cada caso avaliado?
5. Qual a contribuição da Resolução nº 25/2001, do CFP, para a área da avaliação?
6. Como devem ser os manuais dos instrumentos psicológicos?
7. Quais são as principais contribuições das diretrizes internacionais fornecidas pela International Test Commission (ITC) e seus documentos norteadores?
8. Quais as circunstâncias a serem observadas no momento de escolha de um teste a ser utilizado em uma avaliação psicológica?
9. Quais evidências de validade devem ser observadas em um teste psicológico?
10. O que é validade clínica?
11. Por que a maioria dos casos de infrações éticas cometidos por psicólogos envolve a avaliação psicológica?
12. Em sua opinião, como deveria ser organizado, em termos curriculares e didáticos, o ensino da avaliação psicológica, especialmente no que diz respeito à discussão sobre o papel dos testes psicológicos em uma avaliação?

REFERÊNCIAS

Ambiel, R. A. M., & Pacanaro, S. V. (2011). Da testagem à avaliação psicológica: Aspectos históricos e perspectivas futuras. In R. A. M. Ambiel, I. S. Rabelo, S. V. Pacanaro, G. A. S. Alves, & I. F. A. de Sá Leme (Orgs.), *Avaliação psicológica: Guia de consulta para estudantes e profissionais de psicologia* (2. ed., pp. 11-28). São Paulo: Casa do Psicólogo.

American Educational Research Association (AERA), American Psychological Association (APA), & National Council on Measurement in Education (NCME) (1999). *Standards for educational and psychological testing*. Washington: AERA, APA, NCME.

Anache, A. A., & Reppold, C. T. (2010). Avaliação psicológica: Implicações éticas. In A. A. A. dos Santos, A. A. Anache, A. E. de Villemor-Amaral, B. S. G. Werlang, C. T. Reppold, C. H. S. S. Nunes, ... R. Primi (Orgs.), *Avaliação psicológica: Diretrizes na regulamentação da profissão*. Brasília: CFP.

Anzieu, D. (1981). *Os métodos projetivos*. Rio de Janeiro: Campus.

Araújo, M. F. (2007). Estratégias de diagnóstico e avaliação psicológica. *Psicologia: Teoria e Prática, 9*(2), 126-141.

Brasil (1962). *Lei 4.119, de 27 de agosto de 1962. Dispõe sobre os cursos de formação em psicologia e regulamenta a profissão de psicólogo*. Brasília: Presidência da República.

Canadian Psychological Association (CPA) (1996). *Guidelines for educational and psychological testing*. Ontário: CPA.

Capitão, C. G., Scortegagna, S. A., & Baptista, M. N. (2005). A importância da avaliação psicológica na saúde. *Avaliação Psicológica, 4*(1), 75-82.

Chiodi, M. G., & Wechsler, S. M. (2008). Avaliação psicológica: Contribuições brasileiras. *Boletim: Academia Paulista de Psicologia, 28*(2), 197-210.

Conselho Federal de Psicologia (CFP) (2001). *Resolução CFP nº 25, de 30 de novembro de 2001. Define teste psicológico como método de avaliação privativo do psicólogo e regulamenta sua elaboração, comercialização e uso*. Brasília: CFP.

Cunha, J. A. (2000a). Estratégia de avaliação: Perspectivas em psicologia clínica. In J. A. Cunha (Org.), *Psicodiagnóstico-V* (5. ed., pp. 19-23). Porto Alegre: Artmed.

Cunha, J. A. (2000b). Fundamentos do psicodiagnóstico. In J. A. Cunha (Org.), *Psicodiagnóstico-V* (5. ed., pp. 23-32). Porto Alegre: Artmed.

Cunha, J. A., & Nunes, M. L. T. (2010). Medida projetiva. In L. Pasquali (Org.), *Instrumentação psicológica: Fundamentos e práticas* (pp. 357-375). Porto Alegre: Artmed.

Hazboun, A. M., & Alchieri, J. C. (2014). Dificuldades em avaliação psicológica segundo psicólogos brasileiros. *Psico, 45*(1), 83-89.

International Test Comission (ITC) (2005). *The ITC guidelines on adapting tests*. Recuperado de http://www.intestcom.org/page/5

International Test Comission (ITC) (2013). *The ITC guidelines on test use*. Recuperado de http://www.intestcom.org/page/5

Noronha, A. P. P., & Alchieri, J. C. (2002). Reflexões sobre os instrumentos de avaliação psicológica. In R. Primi, *Temas em avaliação psicológica* (pp. 7-16). Campinas: IBAP.

Noronha, A. P. P., & Reppold, C. T. (2010). Considerações sobre a avaliação psicológica no Brasil. *Psicologia: Ciência e Profissão, 30*(no. spe), 192-201.

Noronha, A. P. P., Barros, M. V. C., Nunes, M. F. O., & Santos, A. A. A. (2014). Avaliação psicológica: Importância e domínio de atividades segundo docentes. *Estudos e Pesquisas em Psicologia, 14*(2), 524-538.

Noronha, A. P. P., Castro, N. R., Ottati, F., Barros, M. V. C., & Santana, P. R. (2013). Conteúdos e metodologias de ensino de avaliação psicológica: Um estudo com professores. *Paidéia, 23*(54), 129-139.

Noronha, A. P. P., Freitas, F. A., & Ottati, F. (2002). Parâmetros psicométricos de testes psicológicos de inteligência. *Interação em Psicologia, 6*(2), 195-201.

Noronha, A. P. P., Oliveira, A. F., Cobêro, C., Paula, L. M., Cantalice, L. M., Guerra, P. B. C., ... Felizatti, R. (2002a). Instrumentos psicológicos mais conhecidos por estudantes do sul de Minas Gerais. *Avaliação Psicológica, 1*(2), 151-158.

Noronha, A. P. P., Ziviani, C., Hutz, C. S., Bandeira, D., Custódio, E. M., Alves, I. B., ... Domingues, S. (2002b). Em defesa da avaliação psicológica. *Avaliação Psicológica, 1*(2), 173-174.

Nunes, M. F. O., Muniz, M., Reppold, C. T., Faiad, C., Bueno, J. M. H., & Noronha, A. P. P. (2012). Diretrizes para o ensino de avaliação psicológica. *Avaliação Psicológica, 11*(2), 309-316.

Pacanaro, S. V., Alves, G. A. S., Rabelo, I. S., Leme, I. F. A. S., & Ambiel, R. A. M. (2011). Panorama atual dos testes psicológicos no Brasil de 2003 a 2011. In R. A. M. Ambiel, I. S. Rabelo, S. V. Pacanaro, G. A. S. Alves, & I. F. A. de Sá Leme (Orgs.), *Avaliação psicológica: Guia de consulta para estudantes e profissionais de psicologia* (2. ed., pp. 29-48). São Paulo: Casa do Psicólogo.

Pasquali, L. (2001a). Testes psicológicos: Conceitos, história, tipos e usos. In L. Pasquali, *Técnicas de exame psicológico - TEP manual* (pp. 13-51). São Paulo: Casa do Psicólogo.

Pasquali, L. (2001b). Fundamentos científicos dos testes psicológicos. In L. Pasquali, *Técnicas de exame psicológico - TEP manual* (pp. 57-109). São Paulo: Casa do Psicólogo.

Pasquali, L. (2007). Validade dos testes psicológicos: Será possível reencontrar o caminho? *Psicologia: Teoria e Pesquisa, 23*(no. spe), 99-107.

Pasquali, L. (2010). Histórico dos instrumentos psicológicos. In L. Pasquali (Org.), *Instrumentação psicológica: Fundamentos e práticas* (pp. 11-47). Porto Alegre: Artmed.

Pasquali, L., & Primi, R. (2003). Fundamentos da teoria da resposta ao item: TRI. *Avaliação Psicológica, 2*(2), 99-110.

Pinto, E. R. (2014). Conceitos fundamentais dos métodos projetivos. *Ágora: Estudos em Teoria Psicanalítica, 17*(1), 135-153.

Primi, R. (2010). Avaliação psicológica no Brasil: Fundamentos, situação atual e direções para o futuro. *Psicologia: Teoria e Pesquisa, 26*(n. spe), 25-35.

Reppold, C. T., Gurgel, L. G., & Hutz, C. S. (2014). O processo de construção de escalas psicométricas. *Avaliação Psicológica, 13*(2), 307-310.

Reppold, C. T., & Serafini, A. J. (2013). Avaliação psicológica, ética e direitos. In Conselho Federal de Psicologia (CFP), *Relatório ano temático da avaliação psicológica 2011/2012*. Brasília: CFP.

Silva, M. A. (2011). Testes informatizados para a avaliação psicológica e educacional. *Psico-USF, 16*(1), 127-129.

Tavares, M. (2003). Validade clínica. *Psico-USF, 8*(2), 125-136.

Tavares, M. (2010). Da ordem social da regulamentação da avaliação psicológica e do uso dos testes. In A. A. A. dos Santos, A. A. Anache, A. E. de Villemor-Amaral, B. S. G. Werlang, C. T. Reppold, C. H. S. S. Nunes, ... R. Primi (Orgs.), *Avaliação psicológica: Diretrizes na regulamentação da profissão*. Brasília: CFP.

Werlang, B. S. G., Villemor-Amaral, A. E., & Nascimento, R. S. G. F. (2010). Avaliação psicológica, testes e possibilidades de uso. In A. A. A. dos Santos, A. A. Anache, A. E. de Villemor-Amaral, B. S. G. Werlang, C. T. Reppold, C. H. S. S. Nunes, ... R. Primi (Orgs.), *Avaliação psicológica: Diretrizes na regulamentação da profissão*. Brasília: CFP.

10

QUESTÕES ÉTICAS NA AVALIAÇÃO PSICOLÓGICA

Claudio Simon Hutz

A avaliação psicológica consiste em um conjunto de procedimentos cujo objetivo final é beneficiar as pessoas ou os grupos que passam por esse processo. Os resultados da avaliação psicológica são usados para muitas finalidades diferentes nas áreas da saúde, educação, organizações, jurídica, entre outras. Esse trabalho de psicólogos irá, por exemplo, orientar tratamentos, auxiliar na tomada de decisões sobre questões judiciais, sobre contratação e promoção de pessoas nas empresas, permitir ações para melhorar o desempenho escolar de crianças e adolescentes, entre muitas outras aplicações. Trata-se realmente de um trabalho importante que pode, quando bem feito, trazer muitos benefícios. Contudo, pode também, exatamente por sua importância, trazer danos consideráveis. Um erro de diagnóstico leva a um tratamento inapropriado. Uma avaliação inadequada que leve a erro em um processo de guarda de criança pode trazer prejuízos irremediáveis. A colocação de uma pessoa em uma função em que ela não terá bom desempenho, ou em um ambiente não compatível com suas características pessoais, leva a sofrimento (e eventualmente a demissão).

A responsabilidade do psicólogo que faz uma avaliação psicológica é, portanto, muito grande. É fundamental estar bem preparado tecnicamente para fazê-la, mas é também necessário que ela seja feita respeitando-se os princípios éticos. O Conselho Federal de Psicologia (CFP, 2005) publicou uma resolução (Resolução CFP nº 010/05) que trata de questões relativas à ética profissional para a atuação dos psicólogos. Já no seu primeiro artigo (item b), a Resolução estabelece que o psicólogo "... deve assumir responsabilidades profissionais somente por atividades para as quais esteja capacitado pessoal, teórica e tecnicamente" (CFP, 2005, p. 8). Ou seja, muito embora todos os psicólogos registrados no Conselho Regional de Psicologia estejam legalmente habilitados a realizar avaliações psicológicas de qualquer natureza, o profissional deve considerar e avaliar se realmente tem o conhecimento teórico e prático suficiente para realizar uma avaliação psicológica específica. Essa talvez seja a primeira decisão ética que o psicólogo deve tomar antes de iniciar um processo de avaliação psicológica. "Estou preparado para fazer isso?" "Conheço a área?" "Tenho experiência suficiente?" "Sei quais são os testes mais apropriados para serem usados nessa avaliação?" "Conheço bem esse(s) teste(s) e a teoria que o(s) embasa(m)?" Se a resposta a qualquer uma dessas perguntas for "não", ou "não sei", ou "não tenho certeza", o profissional deve recusar a avaliação ou, no mínimo, procurar supervisão.

A Resolução nº 010/05 do CFP (2005) tem vários itens relativos à avaliação psicológica. Porém, as questões éticas nessas avaliações são muito complexas e não podem ser exaustivamente tratadas em um código de ética. Na verdade, o procedimento ético vai além da observância literal de artigos de um código de ética. Como já mencionado, "... princípios éticos são gerais e representam ideais a serem atingidos ... [São] ideias norteadoras de ações, atitudes e comportamentos na prática profissional" (Hutz, 2009).

Neste capítulo, vamos retomar algumas das ideias discutidas por Hutz (2009) e que podem auxiliar psicólogos, na sua prática cotidiana, a enfrentar dilemas e questões éticas que surgem constantemente e para os quais não há respostas prontas no Código de Ética. Considere, porém, que, na dúvida, é sempre recomendável procurar o Conselho Regional de Psicologia para esclarecimentos.

Que princípios poderíamos usar como ideias norteadoras para nos guiar quando enfrentamos questões éticas na avaliação psicológica? Na obra já citada, apontamos que a avaliação psicológica é equivalente a uma pesquisa. Ela é planejada, dados são coletados, analisados, interpretados. Seus resultados testam hipóteses e geram novos conhecimentos sobre pessoas ou grupos. Esses resultados são utilizados com os mais diversos propósitos e podem gerar benefícios (o que é desejado) para os avaliados se o trabalho for bem feito. Poderíamos imaginar, então, que alguns dos princípios éticos utilizados para a pesquisa em geral poderiam também ser usados como ideias norteadoras na avaliação psicológica. Vamos fazer uma breve retrospectiva de como se desenvolveram códigos e princípios éticos na pesquisa.

A questão da ética na pesquisa vem sendo discutida sistematicamente desde o fim da Segunda Guerra Mundial, em função das atrocidades cometidas pelos nazistas contra judeus e outros prisioneiros nos campos de concentração. No julgamento dos 23 médicos nazistas em Nuremberg, entre 1946 e 1947, foi desenvolvido um código de ética para pesquisa (especialmente pesquisa médica), chamado Código de Nuremberg,[1] que postulou 10 princípios básicos (ver, p. ex., University of Minnesota, 2003, para uma discussão mais abrangente). Entre eles, há alguns princípios fundamentais que foram mantidos até hoje, como a necessidade de consentimento livre e esclarecido por parte dos participantes, o cuidado para não produzir danos ou sofrimento para os participantes e a liberdade de interromper a participação a qualquer momento.

Após a elaboração do Código de Nuremberg,[1] outros códigos foram formulados. Destaca-se especialmente a Declaração de Helsinki, desenvolvida pela World Medical Association em 1964. Sua última atualização ocorreu no ano 2000 (WMA, 2015). Essa declaração, também voltada principalmente para pesquisas médicas, produz alguns avanços e postula mais alguns cuidados que devem ser tomados com relação à pesquisa com crianças e com pessoas que não têm condições mentais de dar consentimento para a participação.

O guia de princípios éticos mais utilizado atualmente, o Belmont Report, foi produzido em 1978 e publicado em 1979 (U.S. Department of Health & Human Services, 1979). Trata-se de uma contribuição extraordinária para a orientação ética da pesquisa e, como veremos adiante, também da avaliação psicológica. Contudo, sua origem é um estudo que se transformou em uma grave transgressão ética e de um grande desrespeito aos direitos humanos que ocorreu durante décadas nos Estados Unidos.

Em 1932, o Public Health Service, o serviço de saúde pública dos Estados Unidos, em colaboração com o Tuskegee Institute, iniciou uma pesquisa para estudar a história natural da sífilis em pacientes negros com a expectativa de justificar programas de tratamento para essa população. O título da pesquisa era *Tuskegee study of untreated syphilis in the negro male* (Estudo Tuskegee da sífilis não tratada em homens negros) (Centers for Disease Control and Prevention [CDC], 2013). Na época em que o estudo teve início, talvez fosse até possível justificar sua realização. Não havia códigos de ética para a pesquisa, a escolha apenas de participantes negros poderia se justificar como uma tentativa de promover uma forma de atendimento para esse grupo muito discriminado na época, e não havia um tratamento efetivo para a sífilis. Porém, o estudo, que originalmente era para ser de curta duração, seguiu durante décadas. Em 1945, a penicilina era um tratamento adequado para sífilis, mas esses pacientes não foram tratados. Várias questões éticas foram levantadas com relação a essa pesquisa, especialmente na década de 1960, mas ela só foi interrompida, e os pacientes começaram a receber tratamento, em 1972, quando a imprensa noticiou o que estava acontecendo, gerando, assim, uma repercussão social e política muito intensa.

---

[1] O Código de Nuremberg está disponível em www.hhs.gov/ohrp/archive/nurcode.html ou em http://history.nih.gov/research/downloads/nuremberg.pdf.

Uma das consequências da comoção política produzida por esse estudo foi uma iniciativa do congresso americano de compor uma comissão para estabelecer normas para a pesquisa com seres humanos. Foi, assim, criada, em 1974, a National Commission for the Protection of Human Subjects of Biomedical and Behavioral Research. Essa comissão, composta por nomes eminentes de várias áreas (medicina, direito, filosofia, psicologia), trabalhou por quatro anos e elaborou um documento intitulado Belmont Report, porque foi realizado em grande parte no Belmont Conference Center, próximo a Baltimore, Estados Unidos.[2]

Esse relatório, que atualmente embasa códigos de ética em pesquisa em muitos países, inclusive no Brasil, estabelece três princípios éticos básicos que devem orientar a realização de pesquisas. Tais princípios também podem orientar a realização de avaliações psicológicas. São eles:

1. Respeito pelas pessoas;
2. Beneficência;
3. Justiça.

RESPEITO PELAS PESSOAS

Respeito pelas pessoas implica tratá-las como indivíduos autônomos.

Isto é, a pessoa tem direitos, inclusive escolher participar ou não da pesquisa ou da avaliação psicológica que está sendo proposta. Para que essa escolha possa ser feita, para que o indivíduo possa decidir se deseja ou não participar, é fundamental que ele seja plenamente informado do que será feito. No caso da avaliação psicológica, é necessário informar, no mínimo, como será feita a avaliação, que tipo de dados serão coletados, o que será feito e quem terá acesso a eles. A pessoa também tem o direito de interromper sua participação na pesquisa, ou na avaliação psicológica, a qualquer momento.

Temos, ainda, a situação de pessoas que não são efetivamente autônomas. Crianças e adolescentes não podem, legalmente, dar consentimento para participação em pesquisas ou em avaliações psicológicas. Nesse caso, a autorização dos pais ou responsáveis é necessária. Esse adulto precisa entender com muita clareza o que vai ser feito, quais os objetivos dos procedimentos e quem terá acesso aos resultados. Muito embora crianças e adolescentes não possam dar consentimento legal para a realização dos procedimentos, ainda assim, mesmo obtendo o consentimento dos responsáveis, deve-se sempre obter o assenti-

[2] O texto integral do Belmont Report está disponível em http://www.fda.gov/ohrms/dockets/ac/05/briefing/2005-4178b_09_02_Belmont%20Report.pdf.

mento do avaliando. Deve-se explicar em uma linguagem acessível ao entendimento criança o que vai ser feito e por que se está fazendo isso.

Há casos de adultos com autonomia reduzida ou mesmo sem autonomia para dar consentimento, como aqueles com transtornos mentais ou deficiência intelectual. Nessas circunstâncias, o consentimento também deve ser obtido dos responsáveis, e, na medida do possível, deve-se dar a esses adultos toda a informação sobre a avaliação.

Por fim, temos o caso de pessoas com liberdade restrita, como prisioneiros e pessoas que podem sofrer consequências adversas se não concordarem em realizar as avaliações. Esses casos merecem atenção especial. Deve-se considerar os outros dois princípios que discutiremos a seguir e examinar criteriosamente por que essa avaliação está sendo realizada.

BENEFICÊNCIA

Beneficência (e não maleficência) é um princípio fundamental e central para a pesquisa e para a avaliação psicológica. No caso da pesquisa, a ideia básica é a de que seus procedimentos não devem produzir dano, sofrimento, constrangimento ou qualquer malefício para os participantes. Sempre há algum risco. Por isso, na melhor das hipóteses, pesquisas podem ser classificadas como de "risco mínimo", quando os riscos previsíveis não são maiores que os envolvidos nas atividades do cotidiano dos participantes. O pesquisador deve tomar todas as providências necessárias para prevenir e minimizar riscos e para agir caso haja algum dano ou prejuízo a um participante. Obviamente, o princípio do Respeito requer que o participante seja devidamente informado sobre todos os riscos possíveis.

A avaliação psicológica deve, em princípio, ser feita sempre em benefício do participante, mas nem sempre isso é totalmente possível, e pode haver riscos significativos envolvidos na avaliação. O psicólogo que realiza uma avaliação deve sempre considerar essas situações e possibilidades e tomar as medidas necessárias para manter um padrão ético em seu trabalho.

Quais são os riscos possíveis? Quais são os danos que podem eventualmente ser causados por uma avaliação psicológica? Obviamente não é possível enumerar todas as possibilidades, pois cada caso ocorre em um contexto específico e tem suas particularidades. Contudo, temos várias situações que merecem análise e reflexão.

Inicialmente, é importante frisar que toda avaliação psicológica que não for realizada de forma adequada, em um ambiente apropriado, com instrumentos, métodos e técnicas fidedignos e válidos para o uso pretendido, ou, ainda, realizada por um profissional que não esteja devidamente preparado ou qualificado para realizá-la, tem elevada probabilidade de gerar resultados equivocados que podem levar a erros nas intervenções que serão realizadas com base nas informações fornecidas a partir dessa avaliação. É evidente que isso trará prejuízos, danos ou sofrimento para as pessoas e, em alguns casos, eles podem ser irreversíveis.

JUSTIÇA

O princípio da justiça, aplicado à pesquisa, requer que as pessoas sejam tratadas de forma igualitária. Os participantes de um projeto de pesquisa não devem ser escolhidos em função de sua raça, poder aquisitivo, ou por qualquer razão que leve, por circunstâncias alheias às necessidades da pesquisa, uma pessoa a ter algum benefício negado. Existe um exemplo muito claro na pesquisa médica. Se um medicamento promissor está sendo testado, e um grupo recebê-lo, e outro receber um placebo, não se pode selecionar o grupo que irá receber o medicamento (ou o placebo) em função de *status* social, poder aquisitivo, raça ou qualquer outra razão dessa natureza.

Na avaliação psicológica, esse princípio aplica-se de forma direta nos procedimentos de adaptação ou desenvolvimento de testes. As amostras devem ser representativas, na medida do possível, da população para a qual o instrumento será aplicado ou para a qual esse instrumento pode ser útil. Restringir a amostra significa que uma parcela da população não estará representada nas normas do instrumento, e isso dificulta ou mesmo impossibilita seu uso mais geral.

Esse é um problema generalizado na pesquisa psicológica, e não apenas no Brasil. Grande parte do conhecimento que temos foi obtida com amostras de estudantes universitários. Se examinarmos os manuais dos testes disponíveis para uso no Brasil, veremos que muitos deles, senão a maioria, não foram normatizados com amostras nacionais. Geralmente os participantes são alunos de algumas escolas ou universidades da região do pesquisador. Esse problema é reduzido por alguns estudos realizados com os instrumentos, por outros pesquisadores, em outras regiões do país ou com amostras de outros estratos populacionais. Portanto, o psicólogo deve estar bastante familiarizado com a literatura ao escolher os instrumentos que vai utilizar. É fundamental verificar se as pessoas que serão testadas podem ser consideradas parte da população da qual foi extraída a amostra utilizada para os estudos de validação e normatização do instrumento.

ALGUMAS SITUAÇÕES EM QUE SURGEM DILEMAS ÉTICOS

Vamos examinar algumas das situações mais comuns nas quais avaliações psicológicas são realizadas (ver também Koocher & Rey-Casserly, 2003). Uma situação muito frequente é a realização de avaliação para fins de diagnóstico clínico ou psicodiagnóstico. Essa avaliação pode ser solicitada por terapeutas, médicos ou outros profissionais da área da saúde que precisam dessa informação para poder fazer um tratamento apropriado para o paciente. Muitas vezes, a questão é definir se o paciente apresenta um transtorno da personalidade ou do humor, ou se uma criança apresenta um transtorno de déficit de atenção/hiperatividade (entre muitas outras possibilidades). O psicólogo que vai fazer essa avaliação precisa de um conhecimento muito elaborado, não apenas dos testes, técnicas e métodos empregados para esse tipo de avaliação, mas também de um conhecimento aprofundado de psicopatologia. O diagnóstico correto leva a um tratamento que vai melhorar a qualidade de vida do paciente. Um erro pode ter consequências muito graves. Por exemplo, um transtorno depressivo com tendências suicidas não identificado pode ser fatal. Um diagnóstico de transtorno de déficit de atenção/hiperatividade, quando este não está realmente presente, leva à medicação da criança e a prejuízos para seu desenvolvimento e rendimento escolar.

Avaliações psicológicas são feitas com muita frequência para fins jurídicos. Psicólogos são solicitados a produzir pareceres sobre questões envolvendo guarda de crianças, adoção, abuso físico, sexual, entre outras. Aqui, podemos ter situações em que a avaliação psicológica é determinada judicialmente e as pessoas que serão avaliadas não têm realmente a possibilidade de se recusar a realizá-la sem sofrer consequências adversas (o que infringiria o princípio do respeito). Então, já se começa em uma situação delicada que precisa ser examinada com muito cuidado. As pessoas que serão avaliadas têm o direito de saber o que vai ser feito, o que exatamente está sendo avaliado e quem terá acesso às informações produzidas pela avaliação. É desnecessário insistir na necessidade de o psicólogo estar tecnicamente muito bem preparado para a realização desse trabalho, considerando o dano que pode ser causado por erros em uma avaliação dessa natureza. Não se trata, evidentemente, de um problema tipicamente brasileiro; trata-se de um problema enfrentado em todo o mundo (ver, p. ex., Knapp & VandeCreek, 2001).

Um aspecto importante que precisa ser cuidadosamente considerado nessa situação é a produção de laudos. Esse tipo de avaliação, em geral, vai produzir muita informação sobre os avaliados, incluindo informações íntimas e privadas que não devem ser tornadas públicas. Porém, processos judiciais têm limitações quanto ao sigilo. É importante que o psicólogo saiba exatamente o que vai acontecer com o laudo que entregará para o judiciário. Quem terá acesso a ele? Essa informação será publicada? Isso define o que pode efetivamente constar no documento.

A recomendação é ter cautela e prudência. É preciso refletir sobre os benefícios que essa avaliação vai trazer. Quem será efetivamente beneficiado? Além disso, deve-se pensar também sobre os malefícios que ela pode causar. Psicólogos que ainda não têm experiência nessa área devem sempre procurar supervisão. Em caso de dúvida sobre um possível descumprimento dos princípios do Respeito e da Beneficência, deve-se procurar o Conselho Regional de Psicologia.

A escola é outro ambiente em que avaliações psicológicas são feitas e em que questões éticas estão sempre presentes. Há alguns problemas que também ocorrem em outros países (ver, p. ex., Knauss, 2001) e são de difícil solução. O primeiro deles consiste na obtenção do consentimento dos pais ou responsáveis. Não é possível testar crianças sem esse consentimento. Mesmo que o Serviço de Orientação Educacional da escola veja a necessidade, e o psicólogo concorde com ela, não é possível ir adiante e fazer uma avaliação psicológica de uma criança, ou mesmo de um adolescente menor de 18 anos, sem o consentimento dos pais ou responsáveis pela guarda dessa criança ou adolescente.

O risco de maleficência deve sempre ser considerado. Temos geralmente duas situações no ambiente escolar: avaliações solicitadas pelos pais e avaliações solicitadas pela escola. Especialmente no segundo caso, é importante saber quem terá acesso às informações e o que exatamente será feito com elas. Crianças e adolescentes às vezes enfrentam os mais diversos problemas na escola, e o psicólogo pode ter um papel muito importante para auxiliá-los na superação dessas dificuldades. É fundamental avaliar o que está acontecendo fazendo-se uso dos instrumentos adequados para a finalidade específica, mas é preciso sempre considerar os princípios do respeito e da beneficência. Por fim, é importante ressaltar que questões éticas referentes à avaliação psicológica no âmbito educacional ocorrem também no contexto universitário, envolvendo principalmente o ensino de testes e outros métodos e técnicas (Rupert, Kozlowski, Hoffman, Daniels, & Piette, 1999; Yalof & Brabender, 2001).

Vamos explorar mais um contexto em que a avaliação psicológica ocorre de forma muito frequente: no âmbito das organizações. O uso de avaliações psicológicas, especialmente de testes, para fins de seleção de pessoal e também em concursos públicos é muito frequente. Nesse caso, o problema coloca-se de uma forma interessante. O indivíduo que vai ser avaliado não tem realmente uma opção. Pode-se argumentar que, ao participar de um processo seletivo ou de um concurso, o candidato aceita as regras e os procedimentos (e a avalição ou testagem fazem parte dos procedimentos). O psicólogo trabalha para a organização, mas isso não diminui sua responsabilidade ética com os indivíduos que está avaliando.

Os cuidados que devem ser tomados aqui dizem respeito principalmente à minimização de danos e à proteção da privacidade dos avaliados. O psicólogo deve evitar coletar informações sobre características e traços pessoais que vão além do que é realmente necessário para o processo de seleção e deve ter muito cuidado com a guarda desse material (testes e transcrições de entrevistas), cujo acesso é privativo de psicólogos.

Outra questão importante, e que de certa forma é também uma questão técnica, diz respeito à decisão de considerar alguém apto ou inapto para um cargo ou função. O psicólogo deve estabelecer pontos de corte ou critérios de decisão de forma fundamentada. Não devem ser decisões subjetivas. Negar um emprego ou uma promoção a alguém requer uma fundamentação empírica ou teórica. Da mesma forma, como já mencionado, colocar indivíduos em posições ou cargos nos quais não terão bom desempenho também gera danos e sofrimento.

Observamos que a avaliação psicológica consiste em uma atividade muito importante na prática profissional. Quando bem realizada, traz benefícios importantes para pessoas e grupos. Porém, sua importância e relevância implicam necessariamente o risco de causar danos e problemas quando não for realizada de forma apropriada. O Código de Ética dos Psicólogos (CFP, 2005), com muita propriedade, estabelece como norma ética que psicólogos não devem realizar atividades para as quais não estejam devidamente capacitados, como já mencionamos no início deste capítulo. O psicólogo com boa formação, que continua estudando e se aprimorando, e que tem sempre em mente os princípios básicos do respeito, da beneficência e da justiça, poderá exercer uma prática profissional que atenderá ao 1º Princípio Fundamental do Código de Ética Profissional dos Psicólogos:

"O psicólogo baseará o seu trabalho no respeito e na promoção da liberdade, da dignidade, da igualdade e da integridade do ser humano, apoiado nos valores que embasam a Declaração Universal dos Direitos Humanos" (CFP, 2005, p. 7).

QUESTÕES

1. Quais são os três princípios básicos estabelecidos pelo Belmont Report?
2. Além dos aspectos legais, por que seria uma violação ética fazer uma avaliação psicológica de um adolescente de 14 anos sem o consentimento dos pais?
3. Um psicólogo recém-formado recebe uma oferta de emprego em uma empresa de segurança. Sua função seria selecionar seguranças que circularão armados em diversos ambientes. Esse psicólogo não tem nenhuma experiência nessa área. O que ele deve fazer?
4. Que procedimentos um psicólogo deve realizar para selecionar testes para aplicar a pessoas de baixa escolaridade e garantir que o princípio da beneficência seja respeitado?

REFERÊNCIAS

Centers for Disease Control and Prevention (CDC). (2013). *U.S. public health service syphilis study at tuskegee*. Recuperado de http://www.cdc.gov/tuskegee/timeline.htm

Conselho Federal de Psicologia (CFP). (2005). *Código de ética profissional do psicólogo. Resolução CFP nº 010, de 21 de julho de 2005*. Recuperado de http://site.cfp.org.br/wp-content/uploads/2012/07/codigo_etica.pdf

Hutz, C. S. (2009). Ética na avaliação Psicológica. In C. S. Hutz (Org.), *Avanços e polêmicas em avaliação psicológica*. São Paulo: Casa do Psicólogo.

Knapp, S., & VandeCreek, L. (2001). Ethical issues in personality assessment in forensic psychology. *Journal of Personality Assessment, 77*(2), 242-254.

Knauss, L. K. (2001). Ethical issues in psychological assessment in school settings. *Journal of Personality Assessment, 77*(2), 231-241.

Koocher, G. P., & Rey-Casserly, C. M. (2003). Ethical issues in psychological assessment. In J. R. Graham, J. A. Naglieri, & I. B. Weiner (Orgs.), *Handbook of psychology* (Vol. 10, pp. 165-180). New York: Wiley.

Rupert, P. A., Kozlowski, N. F., Hoffman, L. A., Daniels, D. D., & Piette, J. M. (1999). Practical and ethical issues in teaching psychological testing. *Professional Psychology: Research and Practice, 30*(2), 209-214.

University of Minnesota. (2003). *A guide to research ethics*. Recuperado de http://www.ahc.umn.edu/img/assets/26104/Research_Ethics.pdf

U.S. Department of Health & Human Services. (1979). *The Belmont Report: Ethical principles and guidelines for the protection of human subjects of research*. Recuperado de http://www.hhs.gov/ohrp/humansubjects/guidance/belmont.html

World Medical Association (WMA). (2015). *Declaration of Helsinki: Ethical principles for medical research involving human subjects*. Recuperado de http://www.wma.net/en/30publications/10policies/b3/

Yalof, J., & Brabender, V. (2001). Ethical dilemmas in personality assessment courses: Using the classroom for in vivo training. *Journal of Personality Assessment, 77*(2), 203-213.

LEITURA SUGERIDA

Shore, N. (2006). Re-conceptualizing the Belmont report: A community-based participatory research perspective. *Journal of Community Practice, 14*(4), 5-26.

11

TESTES PSICOLÓGICOS DISPONÍVEIS NO BRASIL – O SATEPSI

Caroline Tozzi Reppold
Léia Gonçalves Gurgel

A CRIAÇÃO DO SISTEMA DE AVALIAÇÃO DE TESTES PSICOLÓGICOS – SATEPSI

O Sistema de Avaliação de Testes Psicológicos (Satepsi) é um sistema oferecido pelo Conselho Federal de Psicologia (CFP, 2015) e foi criado por meio da Resolução nº 002/2003 (CFP, 2003). Seu surgimento foi decorrente do elevado número de processos éticos e judiciais enviados aos Conselhos Estaduais e Federal que questionavam os princípios da avaliação psicológica e evidenciavam, em muitos casos, a falta de estudos adequados que indicassem a validade dos instrumentos utilizados em avaliações. Tais processos apontavam faltas éticas dos psicólogos em relação aos exames psicotécnicos, que eram constantemente contestadas, sobretudo por candidatos à Carteira Nacional de Habilitação e candidatos a cargos públicos reprovados em concursos na etapa referente à avaliação psicológica (Primi & Nunes, 2010).

O Satepsi, portanto, foi criado com o objetivo de qualificar os instrumentos psicológicos brasileiros em relação às condições mínimas de seus parâmetros psicométricos e de divulgar informações atuais sobre as etapas do processo de análise de cada instrumento (Cardoso & Baptista, 2014; CFP, 2003; Santos et al., 2010). Desse modo, seu objetivo principal centra-se na necessidade de aprimorar a construção de instrumentos de avaliação utilizando parâmetros científicos e atendendo aos princípios éticos constantes no Código de Ética do psicólogo, garantindo adequada atuação profissional (Anache & Corrêa, 2010).

Criado com o fim de regulamentar o uso e a comercialização dos instrumentos voltados para a avaliação psicológica (Noronha & Reppold, 2010), é considerado um sistema que pretende certificar os testes, avaliando-os como favoráveis ou desfavoráveis (Primi, Muniz, & Nunes, 2009; Primi & Nunes, 2010). Ressalta-se que os termos "instrumento psicológico" e "teste psicológico" serão tratados aqui como sinônimos e considerados, tal qual disposto na Lei nº 4.119/62, como instrumentos de avaliação de características psicológicas, de uso reservado unicamente aos psicólogos (Brasil, 1962).

A partir da Resolução, os testes psicológicos são avaliados por uma comissão, denominada consultiva, que inclui psicólogos doutores, especialistas em avaliação psicológica, de áreas diversas. O primeiro grupo que compôs a comissão foi responsável por estruturar as diretrizes e os requisitos mínimos que seriam a base para as avaliações e o fornecimento dos pareceres. Essa comissão inicial utilizou como base parâmetros internacionais vigentes na época, como a American Educational Research Association (AERA), a American Psychological Association (APA) e o National Council on Measurement in Education (NCME) (CFP, 2003).

Com base nas diretrizes de agências internacionais de reconhecido saber, o Satepsi e sua análise dos instrumentos disponíveis motivaram uma modificação no uso e no olhar dos profissionais sobre os testes psicológicos. Isso porque, até o início dos anos 2000, geralmente, os psicólogos brasileiros utilizavam normas de instrumentos de outros países, especificamente os mais desenvolvidos, não fazendo uma avaliação adequada da população brasileira e das especificidades de seus contextos (Noronha & Reppold, 2010). Assim, o Satepsi implicou um aumento progressivo na qualidade dos testes disponibilizados no Brasil e na produção de estudos que objetivavam a elaboração de instrumentos favoráveis ou o aprimoramento dos instrumentos já existentes, sobretudo no que diz respeito às evidências de validade e normatização (Cardoso & Baptista, 2014).

Esse crescimento na qualidade dos testes, e da avaliação psicológica de modo geral, é refletido, também, pelo aumento na qualificação dos profissionais atuantes na área, nos grupos de pesquisa em avaliação psicológica e na complexidade do escopo de interesse destes, articulando a avaliação psicométrica com a projetiva e a neuropsicológica. O crescimento da área é evidenciado, por exemplo, pela *Revista Avaliação Psicológica*, criada em 2002, que apresentou, ao longo do tempo, grande aumento no número de artigos submetidos, precisando expandir a periodicidade da publicação, o que denota o crescimento da produção científica específica da área da avaliação e o aumento dos grupos de pesquisa que desenvolvem estudos na área (Noronha & Reppold, 2010).

Seguindo esse aumento na qualidade dos instrumentos e a evolução da área da avaliação psicológica ao longo da última década, a Resolução do CFP nº 002/2003 apresentou duas alterações desde sua vigência. A primeira, Resolução nº 006/2004, altera o artigo 14 da Resolução original, ressaltando que os dados empíricos do teste psicológico necessitam de revisão periódica, sendo o intervalo máximo entre as publicações de 15 anos para padronizações e de 20 anos para as evidências de validade e precisão (CFP, 2004). A segunda, Resolução nº 005/2012, altera o artigo 1º da Resolução, levando em conta que os testes psicológicos são considerados conforme o art. 13 da Lei nº 4.119/62, e devem atender aos requisitos técnicos e científicos definidos no anexo da Resolução nº 002/2003 (CFP, 2012). Ainda, devem ser considerados os requisitos éticos e de direitos humanos, como aqueles presentes no Código de Ética Profissional, a integralidade dos fenômenos sociais, multifatoriais, culturais e históricos, além dos determinantes socioeconômicos. Essa orientação enfatiza que é vedado ao psicólogo, na produção e na busca de parâmetros psicométricos dos testes, agir com negligência, preconceito, exploração, violência, crueldade ou opressão, induzir a convicções diversas e utilizar a prática psicológica como alguma forma de violência. Por fim, a Resolução reforça a proibição de os psicólogos elaborarem técnicas psicológicas que evidenciem preconceitos ou estigmas ou que desconsiderem as fases do desenvolvimento humano e as diversas configurações sociais, históricas e culturais nas quais os avaliandos estão inseridos.

Assim, observou-se que a criação do Satepsi possibilitou a avaliação dos instrumentos disponíveis no Brasil, representando um avanço considerável na área da avaliação psicológica. A partir da criação desse sistema, foi disponibilizado aos profissionais um recurso de consulta aos instrumentos psicológicos e não psicológicos, cujo propósito é fornecer maior segurança no uso de testes psicológicos, uma vez que passaram a ser analisados, de fato, com maior rigor científico desde a criação do Satepsi. Os aspectos técnicos dessa análise serão discutidos amplamente nas próximas seções deste capítulo.

A PÁGINA ELETRÔNICA DO SATEPSI[1]

O *site* do Satepsi atualmente conta, na aba inicial, com uma breve explicação sobre o Sistema, além de *links* para documentos norteadores do CFP, como a Cartilha da Avaliação Psicológica (CFP, 2013), a Nota Técnica do CFP sobre o uso indevido de testes psicológicos, a nominata da nova Comissão Consultiva em Avaliação, entre outros *links* com informações relevantes referentes à área da avaliação psicológica. Na aba "Testes Psicológicos", é possível encontrar a lista completa dos testes, os favoráveis e os desfavoráveis. Na aba "Instrumentos", encontra-se a lista completa dos instrumentos, não privativos e pri-

[1] O Satepsi está disponível no endereço eletrônico http://Satepsi.cfp.org.br/.

vativos aos psicólogos. Na aba "Legislação", pode ser encontrada uma série de *links* para resoluções importantes voltadas ao tema, como a Resolução do CFP nº 002/2003 (CFP, 2003), que regulamenta o uso, a elaboração e a comercialização de testes psicológicos, e a Resolução do CFP nº 001/2002 (CFP, 2002), que regulamenta a avaliação psicológica em concursos públicos e processos seletivos, entre outras.

A aba "FAQ" apresenta as perguntas mais frequentes feitas ao CFP, por exemplo, "Como fica a situação de ensino dos instrumentos? Testes que não constarem na lista podem ser ensinados?" e "Se um novo teste for submetido ao CFP, qual seria o prazo necessário para avaliá-lo e, se for o caso, incluí-lo na lista?". As respostas são encontradas ao clicar nas perguntas. Na aba "Pareceristas/Comissão" consta o histórico das comissões consultivas e a lista dos pareceristas. Na última aba, intitulada "Contato", há espaço para envio de mensagens ao Satepsi. Detalhes da página inicial do Satepsi podem ser observados na Figura 11.1.

Inicialmente, apenas 30 instrumentos faziam parte da primeira relação do Satepsi (Noronha & Reppold, 2010). Hoje, conta-se com 271 instrumentos, demonstrando importante crescimento da área, valorização do sistema e aprimoramento técnico dos instrumentos psicológicos. Destes, 153 apresentam parecer favorável (cumprem os requisitos mínimos da Resolução nº 002/2003 do CFP), e 105 apresentam parecer desfavorável (não cumprem os requisitos mínimos apontados pela Resolução). A lista de instrumentos não privativos aos

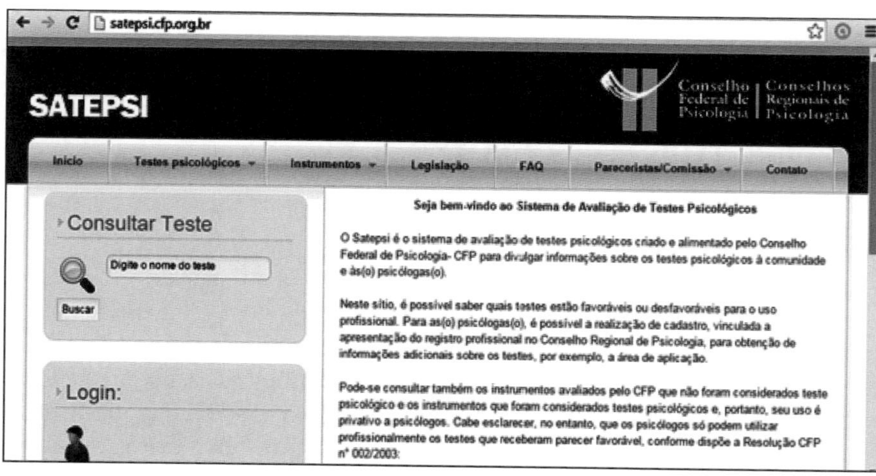

FIGURA 11.1 / Página eletrônica do Satepsi.

psicólogos é composta por 13 instrumentos, que podem ser utilizados tanto por psicólogos quanto por profissionais de outras áreas. Já a lista de instrumentos privativos da psicologia é composta por 52 testes, que podem ser usados profissionalmente apenas por psicólogos. O ano de 2003 foi considerado como aquele em que houve o maior número de submissões de testes ao Satepsi, provavelmente por conta da necessidade de adequação em relação à Resolução nº 002/2003 do CFP (Freitas & Cantalice, 2011).

O Satepsi e a comissão consultiva geraram, portanto, quatro listas de instrumentos, sendo a primeira composta pelos testes considerados não psicológicos (de uso não restrito aos psicólogos) e a segunda com os testes considerados psicológicos. Desta última categoria derivam duas outras (sub)listas, uma com os testes considerados favoráveis para uso e outra com os considerados desfavoráveis para uso, assim classificados por não apresentarem os requisitos mínimos para o uso profissional seguro (Nakano, 2013).

Em relação à formação da comissão consultiva, atualmente ela é composta pelos seguintes profissionais: Cicero Emídio Vaz, Elton Hiroshi Matsushima, José Neander Silva Abreu, Luiz Pasquali, Roberto Moraes Cruz, Valdiney Veloso Gouveia, João Alchieri (conselheiro responsável) e Mariana dos Reis Veras (analista técnica). No entanto, a comissão já foi formada por diversos profissionais com excelência na atuação em sua área, sendo, em ordem cronológica decrescente:

- 2013: Anna Elisa de Villemor Amaral, Blanca Werlang, Caroline Reppold, Elizabeth Nascimento, Fabiano Koich Miguel, José Humberto da Silva Filho, José Maurício Haas Bueno, Ricardo Primi. Conselheira responsável: Ana Paula Porto Noronha. Analista técnico: Ylo Fraga. Chefe da divisão de referências técnicas: Rafael Menegassi Taniguchi.
- 2012: Anna Elisa de Villemor Amaral, Blanca Susana Guevara Werlang, Carlos Henrique Sancineto da Silva Nunes, Caroline Tozzi Reppold, José Humberto da Silva Filho, José Maurício Haas Bueno, Marcelo Tavares, Ricardo Primi. Conselheira responsável: Ana Paula Porto Noronha. Assessora técnica: Camila Dias.
- 2011: Anna Elisa de Villemor Amaral, Blanca Susana Guevara Werlang, Carlos Henrique Sancineto da Silva Nunes, Caroline Tozzi Reppold, José Humberto da Silva Filho, José Maurício Haas Bueno, Marcelo Tavares, Ricardo Primi. Conselheira responsável: Ana Paula Porto Noronha. Assessoras técnicas: Fabíola Corrêa e Camila Dias.
- 2010: Anna Elisa de Villemor Amaral, Blanca Susana Guevara Werlang, Carlos Henrique Sancineto da Silva Nunes, Caroline Tozzi Reppold, Marcelo Tavares, Maria Cristina Ferreira, Ricardo Primi. Conselheiras responsáveis:

Acácia Aparecida Angeli dos Santos e Alexandra Ayach Anache. Assessora técnica: Fabíola Corrêa.

- 2009: Blanca Susana Guevara Werlang, Carlos Henrique Sancineto da Silva Nunes, Marcelo Tavares, Maria Cristina Ferreira, Ricardo Primi. Conselheiras responsáveis: Acácia Aparecida Angeli dos Santos e Alexandra Ayach Anache. Assessora técnica: Fabíola Corrêa.
- 2008: Blanca Susana Guevara Werlang, Maria Abigail de Souza, Maria Cristina Ferreira, Marcelo Tavares, Ricardo Primi. Conselheiras responsáveis: Acácia Aparecida Angeli dos Santos e Alexandra Ayach Anache. Assessora técnica: Polyana Marra Soares.
- 2005: Blanca Susana Guevara Werlang, Carlos Henrique Sancineto da Silva Nunes, Maria Cristina Ferreira, Regina Sônia Gattas Fernandes do Nascimento, Ricardo Primi. Conselheiras responsáveis: Acácia Aparecida Angeli dos Santos, Adriana de Alencar Gomes Pinheiro e Alexandra Ayach Anache. Assessor técnico: Rodrigo Barroso.
- 2002: Álvaro José Lelé, Audrey Setton de Souza, Jose Carlos Tourinho e Silva, Regina Sônia Gattas Fernandes do Nascimento, Ricardo Primi. Conselheiros responsáveis: Gislene Maia de Macedo e Ricardo Figueiredo Moretzsohn. Assessor técnico: Rodrigo Barroso.

ASPECTOS TÉCNICOS DO SATEPSI

Segundo a Resolução nº 002/2003 do CFP, os requisitos mínimos necessários para os testes que se utilizam de questões de múltipla escolha, além de inventários e escalas, incluem:

- apresentação adequada da fundamentação teórica do instrumento, especialmente em relação ao construto abordado;
- demonstração suficiente das evidências de validade e precisão, interpretações adequadas dos escores, além dos dados empíricos referentes às propriedades psicométricas dos itens;
- apresentação adequada dos procedimentos de aplicação, correção e interpretação dos resultados do teste, além das ideais condições de sua aplicação, visando à uniformidade.

O CFP deixa claro, por meio dessa Resolução, que os testes estrangeiros, traduzidos para o português, também devem ser adequados a partir das normas apresentadas, considerando as evidências de validade, precisão e normatização. Ainda, o CFP deve manter uma comissão consultiva formada por psicólogos convidados que deverão analisar e emitir pareceres sobre os testes, composta por, no mínimo, quatro membros, podendo apresentar colaboração de consultores *ad hoc*. Os testes, portanto, devem passar pelas seguintes etapas:

1. Recepção: consiste na inclusão do teste no banco de dados e no encaminhamento para a equipe que fará a análise.
2. Análise: verificação dos quesitos técnicos mínimos, realizada primeiramente pelos pareceristas *ad hoc* e, após, pela comissão consultiva, que resultará em um parecer oficial. Este será enviado para a plenária do CFP a fim de que as decisões finais sejam tomadas.
3. Avaliação: será favorável quando o teste estiver em condições de uso, ou desfavorável quando não apresentar condições mínimas. O parecer, portanto, deve apresentar razões para a decisão e orientações para reorganização dos pontos inadequados.
4. Comunicação da avaliação aos requerentes, com prazo para recurso de 30 dias: Anache e Corrêa (2010) ainda acrescentam que a comissão consultiva em avaliação psicológica vem adotando uma prática orientadora. Assim, se os membros verificarem necessidade de detalhamento técnico do instrumento ou manual, é sugerido que os autores respondam aos quesitos enumerados pela comissão. Depois, ela fornece o parecer.
5. Análise de recurso.
6. Avaliação final: é desfavorável quando a resposta no recurso for insuficiente ou não for apresentada no prazo estabelecido. Os testes podem ser revisados e reapresentados em qualquer momento, seguindo as etapas normais de avaliação.

Vale ressaltar que o teste será considerado em condições de uso se, após receber parecer da comissão consultiva em avaliação psicológica, for aprovado pelo CFP, sendo considerado apenas nos contextos equivalentes aos estudos empíricos realizados. A Resolução destaca, ainda, que o psicólogo que faz uso dos testes deve considerar os manuais e as informações adicionais para adequado uso técnico do instrumento, sendo responsável por sua aplicação.

Mais especificamente, com base na Resolução nº 002/2003,[2] a ficha de avaliação do Satepsi é adaptada de Prieto e Muñiz (2000) e composta por três seções:

- Seção A: descrição geral do teste.
- Seção B: requisitos técnicos.
- Seção C: consideração e análise dos requisitos mínimos (forma do manual, precisão, validade e padronização).

[2] Disponível em http://www.crprs.org.br/upload/legislacao/legislacao47.pdf.

A seção A é composta por 16 itens. Os primeiros nove itens (A1 a A9) são referentes aos dados de identificação inicial, como nome do teste, nome do teste em sua versão original, autores do teste original, autores da adaptação ou da tradução, editor da versão original, editor da versão brasileira, responsável técnico, data da publicação original e data da publicação da adaptação brasileira. O 10º item (A10) é voltado para a classificação das áreas que o teste pretende medir, que podem ser: inteligência, aptidão, psicomotricidade, funções neuropsicológicas, personalidade, atitudes, motivação, interesses, valores, entre outras. O item A11 possibilita a descrição das variáveis, contemplando uma breve especificação delas. No item A12, é possível especificar a área de aplicação do teste, como escolar e educacional, clínica, forense, do esporte, do trabalho e das organizações, social, neuropsicológica, entre outras.

O item A13 é destinado aos suportes, incluindo os tipos de aplicação, que podem ser individual ou coletivo, e as formas de aplicação, que podem ser administração oral, manual, informatizada ou outra a ser especificada. No item A14, é possível especificar os procedimentos de correção, que podem ser: manual por meio de tabelas, leitura óptica, informatizada, entre outras. No item A15, são descritas as características gerais do instrumento, subdivididas em duas categorias: aspectos técnico-científicos e aspectos práticos. A primeira inclui a fundamentação teórica, a validade, a precisão e os sistemas de correção e interpretação, e a segunda, informações sobre a aplicação, a correção, a interpretação, a indicação de literatura relacionada e a indicação de população-alvo. Nesse item, o avaliador deve marcar "sim" ou "não" para todos os subitens. O último item da seção A (A16) conta com uma avaliação da qualidade geral do manual, podendo ser classificado como nível A (excelente a bom), contendo uma descrição muito clara e completa, fundamentada cientificamente; nível B (suficiente), embora sumariamente, contém todos os itens; e nível C (insuficiente), quando faltam informações relevantes e necessárias.

Na Seção B, é encontrada a avaliação dos requisitos técnicos dos instrumentos psicológicos, realizada por meio de sete itens. O primeiro envolve a qualidade geral dos instrumentos, incluindo objetos, materiais e *softwares*, podendo ser classificado como nível A (excelente a bom), B (suficiente) ou C (insuficiente). O segundo item, B2, está relacionado com os procedimentos de adaptação, quando o instrumento foi traduzido, devendo ser baseado nas normas da International Test Commission (ITC). O item B3 relaciona-se com a fundamentação teórica, devendo contemplar a definição do construto, propósitos e contextos do instrumento. Também pode ser classificado como nível A, B ou C.

O item B4 contempla a análise dos itens para testes não projetivos. Os avaliadores devem analisar se os dados foram descritos no manual e se há informações sobre os estudos psicométricos, como dificuldade ou variabilidade, discriminação, evidências de validade, entre outras. O item B5 aborda as evidências de validade e os estudos que se propõem a buscá-las, incluindo construto, conteúdo e critério. Por fim, a conclusão sobre os estudos de validade pode ser excelente a boa (nível A), apresentando pelo menos dois estudos de validade; suficiente (nível B), com pelo menos um estudo de validade; e insuficiente (nível C), sem estudos de validade.

O item B6 contempla a precisão ou fidedignidade do instrumento, incluindo o delineamento utilizado (equivalência, consistência interna, estabilidade teste-reteste, precisão de avaliadores), além do cálculo para diferentes grupos de sujeitos. Por fim, o item B6 considera a conclusão dos estudos de precisão como nível A (excelente a bom), nível B (suficiente, sendo alguns coeficientes abaixo de 0,6) e nível C (insuficiente, não apresentando evidências).

O item B7 aborda o sistema de correção e interpretação dos escores obtidos, contemplando as características da amostra de padronização, comparação das características sociodemográficas da amostra com as estimativas nacionais e o número adequado de sujeitos para a padronização. A conclusão pode ser nível A (excelente a boa), quando há seleção aleatória de sujeitos, normas diversas em função de idade, sexo, escolaridade e outras características importantes, além de um número amostral maior que mil; nível B (suficiente), amostra com número razoável de sujeitos, relato das características do grupo de referência e pelo menos um estudo de validade; ou nível C (insuficiente), quando não há estudo ou quando ele é insuficiente.

Por fim, a Seção C aborda a consideração e a análise dos requisitos mínimos, fazendo um apanhado geral sobre a qualidade do manual, da fundamentação teórica, validade, precisão, análise de itens, correção e interpretação dos resultados, além de requisitos técnicos para técnicas projetivas. Por fim, há um espaço para descrição do parecer e de sugestões do avaliador, assinatura e data.

Segundo Nunes e Primi (2010), o preenchimento da ficha de avaliação descrita anteriormente é feito apenas com base nas informações presentes no manual do instrumento. Portanto, mesmo que o teste apresente um grande número de pesquisas, se elas não estiverem descritas no manual, não serão consideradas para análise pelo Satepsi. Isso é feito para incentivar os organizadores dos manuais a fornecer o maior número de informações relevantes. Isso vem trazendo reflexos principalmente na área da avaliação psicológica, uma vez que os testes apresentam-se cada vez mais aprimorados e mais bem construídos, incluindo informações importantes em seus manuais, favorecendo a prática adequada dos profissionais que utilizam os instrumentos.

Os testes serão favoráveis, portanto, quando apresentarem condições de uso por decisão do Plenário do CFP, indicando que o instrumento contém os requisitos mínimos para ser considerado de qualidade (CFP, 2013). De 2003 a

2010, dos testes analisados pelo CFP, 114 receberam parecer favorável, apresentando os requisitos mínimos e adequadas condições de uso. No entanto, 77 receberam parecer desfavorável, o que significa que não podem ser utilizados profissionalmente pelo psicólogo (Anache & Corrêa, 2010). Hoje, como descrito anteriormente, o sistema apresenta 153 testes com parecer favorável, disponíveis para uso.

OS INSTRUMENTOS DESFAVORÁVEIS

O parecer desfavorável limita o uso do instrumento psicológico, impossibilitando-o de ser usado clinicamente, mas podendo ser utilizado em pesquisa, a fim de guiar os futuros estudos a serem realizados com o próprio instrumento. Entre os principais motivos de reprovação dos instrumentos submetidos à avaliação pelo Satepsi, destacados nos pareceres fornecidos pelo Sistema no primeiro semestre de 2010, 6,8% retratavam o teste como sem condição de uso e comercialização, e 93,2% como sem condição de uso. Apenas 59,3% dos testes apontavam, no manual, o responsável técnico, e 79,7% não informavam o número da edição, demonstrando falta de investimento no preparo dos instrumentos. Ainda, metade dos testes com parecer desfavorável não especificava referências mínimas voltadas para a fundamentação teórica do construto estudado, e a maioria apresentava estudos de validade e precisão com informações insuficientes (Freitas & Cantalice, 2011).

Nakano (2013), por sua vez, analisou todos os pareceres disponíveis no *site* do Satepsi em agosto de 2011. A autora refere que, apesar de 83 testes serem desfavoráveis, foram disponibilizados os pareceres de apenas 59, que foram analisados. Observou-se que a maioria dos instrumentos reprovados estava disponível no mercado antes da publicação da Resolução nº 002/2003 do CFP, podendo explicar a grande quantidade de instrumentos reprovados, uma vez que não havia normas anteriores. Observou-se que 35,7% dos testes apresentavam parecer desfavorável, demonstrando que, pouco a pouco, os instrumentos com essa classificação estão reduzindo em quantidade. A área da personalidade foi a que mais apresentou testes desfavoráveis, seguida pela inteligência. Os pareceres mostram, principalmente, problemas como a ausência de manual, de informações sobre os autores, de data e de responsável técnico. Ainda, são observados problemas voltados à fundamentação teórica, observados pela autora em 30 casos, principalmente em relação ao construto avaliado (Nakano, 2013).

É importante ressaltar que a Comissão orienta os instrumentos que não apresentam condições para uso e comercialização a reorganizar suas deficiências e aprimorar sua construção teórica e empírica. Os testes considerados desfavoráveis, após modificações necessárias, podem ser reenviados ao Satepsi, em qualquer período, reiniciando o processo de avaliação.

CONSIDERAÇÕES FINAIS

Primi e Nunes (2010) apontam que o Satepsi foi, aos poucos, recebendo maior aceitação e reconhecimento por parte dos profissionais. Eles foram compreendendo sua importância, refletida no aumento do estímulo ao desenvolvimento de pesquisas e aprimoramento da qualidade dos instrumentos fornecidos, especialmente de seus manuais, que atualmente são elaborados de forma mais informativa, clara e detalhada. Vale ressaltar que, apesar de suas inegáveis vantagens, o Satepsi ainda apresenta alguns problemas, como foi evidenciado por Primi e Nunes (2010), principalmente relacionados aos requisitos mínimos, podendo-se considerar que o nível de exigência ainda é visto como baixo, representando apenas critérios básicos para a consideração de algum teste. Alguns instrumentos, assim, apesar de conterem os requisitos mínimos, apresentam grandes limitações de uso. Outra restrição importante é o fato de os testes não explicitarem seus contextos de uso. Assim, muitas vezes, um teste validado em esfera clínica passa a ser utilizado no contexto da psicologia do trânsito ou da neuropsicologia, por exemplo, sem que haja evidências que fundamentem tal generalização das suas normas de interpretação. Outra questão apontada por Hutz (2011) diz respeito à orientação de que os manuais devem ser atualizados em um prazo de até 20 anos, segundo o Satepsi. Nesse sentido, Hutz defende que o Sistema determine prazos mais curtos para atualização dos instrumentos psicológicos.

Para além das limitações do Satepsi, também foram evidenciadas dificuldades de formação básica, por Mendes, Nakano, Silva e Sampaio (2013), em pesquisa com o objetivo de verificar o conhecimento de 40 estudantes de psicologia e 40 psicólogos sobre conceitos mínimos da avaliação psicológica. Os autores utilizaram um questionário com seis perguntas que investigavam, entre outros tópicos, o Satepsi e os requisitos mínimos para a aprovação de um instrumento. A pergunta era "Você sabe qual a função do Satepsi, criado pelo CFP? Explique.". A maior parte das respostas contemplava questões como validar, normatizar e fiscalizar os instrumentos psicológicos, sendo muito genéricas ou equivocadas, como o caso de validar e normatizar (funções dos autores dos testes, e não do Satepsi). Outras respostas equivocadas puderam ser observadas pelos autores, como o Satepsi sendo um órgão do Conselho Regional e responsável pela atualização dos testes. Ainda, grande parte dos estudantes (25%) apontou não conhecê-lo. Entre os profissionais, boa parte também apontou desconhecimento das funções do Satepsi (8,82%). Em relação à questão "Quais os requisitos mínimos para um teste estar autorizado para o uso do psicólogo?", os sujeitos apresentaram, em sua maioria, respostas adequadas, incluindo validade e precisão. Os resultados, segundo os autores, corroboram as preocupações encontradas na literatura, que não apontam maior conhecimento dos conceitos por parte dos profissionais. Numerosas respostas equivocadas puderam ser observadas, além de respostas em branco ou apontando desconhecimento.

Apesar das limitações por parte do próprio Sistema e da possível falta de conhecimento que ainda possa existir, Freitas e Cantalice (2011) apontam que a Resolução nº 002/2003 do CFP e o Satepsi apresentam um incentivo à manutenção de uma postura mais crítica por parte dos profissionais que utilizam os instrumentos de avaliação psicológica. O psicólogo, sobretudo, é o principal responsável pelo uso e interpretação adequada dos escores e resultados do teste e precisa compreender profundamente os instrumentos que está utilizando, a fim de manter os preceitos éticos da profissão.

A falta de excelência na área está intimamente relacionada à falta de competência dos profissionais. A estrutura curricular básica dos cursos de psicologia, por exemplo, apresenta pouca ênfase na área e treinamento superficial e automático para o uso de instrumentos. Portanto, nas graduações, os profissionais não são preparados para utilizar os instrumentos, quanto mais para analisá-los criticamente (Noronha & Reppold, 2010). A existência do Satepsi é reflexo desse fato, demonstrando que o psicólogo ainda necessita de um sistema norteador para o uso de testes psicológicos (Rueda, 2011). É preciso mais empenho, por parte dos profissionais e dos órgãos regulamentadores, na busca de melhor preparo e embasamento técnico e teórico profissional. Um desempenho em avaliação psicológica mais adequado será percebido quando maior investimento for dado para a formação básica profissional, além de maior atenção para as especializações e programas de pós-graduação na área.

QUESTÕES

1. Qual o objetivo principal do Satepsi?
2. Por que foi necessário criar esse sistema?
3. Sobre o que trata a Resolução nº 002/2003 do CFP?
4. Quantas foram as modificações na Resolução nº 002/2003 do CFP e sobre o que elas tratam?
5. Quais as etapas pelas quais os testes devem passar ao longo da avaliação pelo Satepsi?
6. Quando os testes são considerados favoráveis? Quais são os requisitos mínimos para que o teste seja considerado como tal?

No *site* do Satepsi, na aba "FAQ" (http://satepsi.cfp.org.br/faq.cfm), também podem ser encontradas perguntas e respostas que norteiam o estudo do tema, como:

7. Como fica a situação de ensino dos instrumentos? Testes que não constarem na lista podem ser ensinados?
8. Se um novo teste for submetido ao CFP, qual seria o prazo necessário para avaliá-lo e, se for o caso, incluí-lo na lista?
9. Uma vez incorporado à lista, por quanto tempo o teste permanecerá nela? Há avaliações futuras previstas?
10. É possível saber quais os motivos que resultaram em uma avaliação desfavorável de um teste psicológico específico?

REFERÊNCIAS

Anache, A., & Corrêa, F. (2010). As políticas do Conselho Federal de Psicologia para a avaliação psicológica. In A. A. A. dos Santos, A. A. Anache, A. E. de Villemor-Amaral, B. S. G. Werlang, C. T. Reppold, C. H. S. S. Nunes, ... R. Primi (Orgs.), *Avaliação psicológica: Diretrizes na regulamentação da profissão* (pp. 19-30). Brasília: CFP.

Brasil. (1962). *Lei nº 4.119, de 27 de agosto de 1962. Dispõe sobre os cursos de formação em psicologia e regulamenta a profissão de psicólogo*. Brasília: Presidência da República.

Cardoso, H. F., & Baptista, M. N. (2014). Escala de Percepção do Suporte Social (versão adulta) – EPSUS-A: Estudo das qualidades psicométricas. *Psico-USF, 19*(3), 499-510.

Conselho Federal de Psicologia (CFP). (2002). *Resolução CFP nº 001, de 19 de abril de 2002. Regulamenta a avaliação psicológica em concurso público e processos seletivos da mesma natureza*. Brasília: CFP.

Conselho Federal de Psicologia (CFP). (2003). *Resolução CFP n° 002, de 24 de março de 2003. Define e regulamenta o uso, a elaboração e a comercialização de testes psicológicos e revoga a Resolução CFP n° 025/2001*. Brasília: CFP.

Conselho Federal de Psicologia (CFP). (2004). *Resolução CFP n° 006, de 28 de junho de 2004. Altera a Resolução CFP n.º 02/2003*. Brasília: CFP.

Conselho Federal de Psicologia (CFP). (2012). *Resolução CFP n° 005, de 8 de março de 2012. Altera a Resolução CFP n.º 02/2003, que define e regulamenta o uso, a elaboração e a comercialização de testes psicológicos*. Brasília: CFP.

Conselho Federal de Psicologia (CFP). (2013). *Cartilha avaliação psicológica*. Brasília: CFP.

Conselho Federal de Psicologia (CFP). (2015). *Satepsi*. Recuperado de http://satepsi.cfp.org.br/

Freitas, F. A., & Cantalice, L. (2011). Testes psicológicos: Levantamento dos motivos pelos quais receberam parecer desfavorável segundo a comissão consultiva. *Estudos Interdisciplinares em Psicologia, 2*(1), 88-102.

Hutz, C. S. (2011). Manuais especificando seus contextos de aplicação e âmbitos de ação. In Conselho Federal de Psicologia (CFP) (Org.), *Ano da avaliação psicológica: Textos geradores* (pp. 49-52). Brasília: CFP.

Mendes, L. S., Nakano, T. C., Silva, I. B., & Sampaio, M. H. L. (2013). Conceitos de avaliação psicológica: Conhecimento de estudantes e profissionais. *Psicologia: Ciência e Profissão, 33*(2), 428-445.

Nakano, T. C. (2013). Problemas apresentados pelos instrumentos com parecer desfavorável no SATEPSI. *Avaliação Psicológica, 12*(2), 121-130.

Noronha, A. P. P., & Reppold, C. T. (2010). Considerações sobre a avaliação psicológica no brasil. *Psicologia: Ciência e Profissão, 30*(no. spe.), 192-201.

Nunes, C. H. S. S., & Primi, R. (2010). Aspectos técnicos e conceituais da ficha de avaliação dos testes psicológicos. In A. A. A. dos Santos, A. A. Anache, A. E. de Villemor-Amaral, B. S. G. Werlang, C. T. Reppold, C. H. S. S. Nunes, ... R. Primi (Orgs.), *Avaliação psicológica: Diretrizes na regulamentação da profissão* (pp. 101-128). Brasília: CFP.

Prieto, G., & Muñiz, J. (2000). Un modelo para evaluar la calidad de los tests utilizados en España. *Papeles del Psicólogo, 77*. Recuperado de http://www.papelesdelpsicologo.es/vernumero.asp?id=1102

Primi, R., Muniz, M., & Nunes, C. H. S. S. (2009). Definições contemporâneas de validade de testes psicológicos. In C. S. Hutz (Ed.), *Avanços e polêmicas em avaliação psicológica* (pp. 243-265). São Paulo: Casa do Psicólogo.

Primi, R., & Nunes, C. H. S. (2010). O Satepsi: Desafios e propostas de aprimoramento. In A. A. A. dos Santos, A. A. Anache, A. E. de Villemor-Amaral, B. S. G. Werlang, C. T. Reppold, C. H. S. S. Nunes, ... R. Primi (Orgs.), *Avaliação psicológica: Diretrizes na regulamentação da profissão* (pp. 129-148). Brasília: CFP.

Rueda, F. J. M. (2011). Psicologia do trânsito ou avaliação psicológica no trânsito: Faz-se distinção no Brasil? In Conselho Federal de Psicologia (CFP) (Org.), *Ano da avaliação psicológica: Textos geradores*. Brasília: CFP.

Santos, A. A. A. dos, Anache, A. A., Villemor-Amaral, A. E. de, Werlang, B. S. G., Reppold, C. T., Nunes, C. H. S. S., ... Primi, R. (2010) (Orgs.), *Avaliação psicológica: Diretrizes na regulamentação da profissão*. Brasília: CFP.

LEITURAS SUGERIDAS

American Educational Research Association (AERA), American Psychological Association (APA), & National Council on Measurement in Education (NCME). (1999). *Standards for educational and psychological testing*. Washington: AERA, APA, NCME.

International Test Commission (ITC) (2015). *Site*. Recuperado de http://www.intestcom.org/

ÍNDICE

Números de páginas seguidos de *f* referem-se a figuras e *t* a tabelas

A

V

W